COLECCIÓN POPULAR

561

Progreso y declinación de la economía argentina

Roberto Cortés Conde

Progreso y declinación de la economía argentina

Un análisis histórico institucional

FONDO DE CULTURA ECONÓMICA

México - Argentina - Brasil - Chile - Colombia - España
Estados Unidos de América - Perú - Venezuela

Primera edición, 1998

ISBN: 950-557-261-1

Impreso en Argentina - *Printed in Argentina*
Hecho el depósito que marca la ley 11.723

Agradezco a Tomas Murphy y Marina Assimondi la
revisión de las referencias estadísticas.

1. Introducción:
los caminos de la historia

Éste es un ensayo sobre la evolución de la economía argentina en este siglo. Comienza alrededor de 1880, cuando se inicia el período de progreso de la Argentina moderna y termina al final de 1980, después de varias décadas de frustrante declinación. En ese largo siglo se vivieron varias y contradictorias experiencias; épocas de rápido crecimiento, otras de desaceleración y, en los últimos tiempos, una etapa de franca declinación. Mientras la Argentina, hasta la Segunda Guerra Mundial, progresó a un ritmo similar al de los países más adelantados (en ciertos momentos más rápido aun), en la segunda mitad del siglo fue quedándose atrás. ¿A qué se debe que un país tan rico, con un nivel de ingreso por habitante superior al de muchos países europeos, incluyendo Italia y España, haya terminado muy por detrás de ellos? Este interrogante ha preocupado a los argentinos durante años, no sólo por interés intelectual sino porque la declinación influyó en sus vidas. Aunque este ensayo esté lejos de dar respuestas definitivas, intenta algunas que pueden ayudar a comprenderlo.

En él se resumen reflexiones de muchos años y, aunque deliberadamente se evite el uso de referencias estadísticas y bibliográficas, es el resultado de las investigaciones del autor y de su experiencia en la enseñanza por más de tres décadas.

El trabajo pretende ir más allá de la descripción de la evolución de los hechos económicos. Trata de encuadrarlos en los cambiantes marcos institucionales en que ocurrieron, interrogándose sobre si ellos fueron favorables al progreso, a qué circunstancias respondieron y, finalmente, cuánto costó cambiarlos (si es que existió la necesidad de hacerlo).

Su punto de vista es que la evolución exitosa de la economía no es una consecuencia de ella misma. En todos los casos las decisiones económicas se toman dentro de determinados marcos institucionales. Para analizar el problema de la Argentina no debemos preguntarnos si la economía fue exitosa, sino si tuvo las instituciones adecuadas para que pudiera serlo. Por ello es que en el relato de los hechos se pone especial énfasis en los marcos institucionales que los encuadran.

El enfoque es histórico, no porque relata qué es lo que pasó, sino porque pretende explicar los comportamientos contemporáneos por otros del pasado.

Aunque la historia no determina las acciones presentes, limita, en cambio, las opciones, las alternativas de elección (es decir, actúa como una restricción presupuestaria). Ni los gobiernos ni los individuos tuvieron la posibilidad de elegir con total libertad; cada uno lo hizo dentro de una gama de alternativas que dejaba el pasado. Las decisiones dependían de circunstancias que estaban dadas, de las preferencias de los individuos, pero también de elecciones anteriores. El pasado o, más bien, los caminos recorridos condicionaron los márgenes de las acciones posibles. Si se seguía en el camino iniciado, se ahorraban los costos de su exploración, pero si se optaba por otro, había que incurrir en nuevos costos. Vemos, en ese sentido, cómo la elección estuvo condicionada no sólo por las tecnologías existentes y la naturaleza de los recursos disponibles, sino también por elecciones previas.

Cuando a veces se encuentran instituciones que no parecen adecuadas, y se sospecha de la racionalidad de su elección, en realidad de lo que se trata es de que ellas respondieron, en su origen, a un contexto distinto. Aunque las circunstancias cambien, muchas instituciones continúan, simplemente porque modificarlas requiere llegar a nuevos acuerdos con costos elevados.

La elección de un sistema institucional en un marco histórico determinado produce una cierta inercia. Ninguna sociedad surge sobre una tabla rasa, aun cuando un nuevo sistema político signifique una ruptura con el anterior. Esto lo había entendido Alberdi, en *Las Bases*, al tomar en cuenta la herencia española.

Por esto iniciamos el trabajo con un capítulo que describe los problemas que existieron durante gran parte del siglo XIX para llegar a la formación del Estado nacional, que tanto influyó en su desarrollo posterior.

2. De colonia a nación

Independencia y crisis

No todo el siglo XIX tuvo las características prósperas de sus últimas décadas. El Río de la Plata, a pesar de los progresos del siglo XVIII, era todavía —a principios del XIX— una pobre colonia marginal de España. La revolución de 1810 no tuvo en todo el país los favorables resultados que se esperaban del libre comercio y las provincias del Plata se vieron envueltas, durante la mayor parte del siglo, en guerras y conflictos internos que demoraron el progreso y el establecimiento del Estado nacional.

La primera tarea que tuvieron los revolucionarios en 1810 fue establecer un nuevo marco institucional que reemplazara al colonial. Su elección planteaba varios problemas.

En el mundo se disponía de diferentes tecnologías de gobierno. Las monarquías eran un sistema generalizado en Europa mientras que la revolución norteamericana había adoptado la forma republicana. Los hombres de Mayo, enfrentados a la monarquía española, se veían del mismo lado de los americanos del Norte y eligieron el sistema republicano. La transición fue más fácil, sin embargo, en los Estados Unidos, que habían heredado de Gran Bretaña las instituciones (vigentes desde 1688) de un gobierno limitado con separación de poderes. En España y sus colonias americanas en el siglo XIX se vivió una traumática transición desde un régimen absolutista a uno constitucional, más difícil en América que, además, se independizaba. La revolución americana estuvo inserta en el difícil cambio del *ancien règime* a uno moderno.

Había también que decidir si el sistema de gobierno sería centralizado o no y allí el debate doctrinario —que dividió por años a unitarios y federales— ocultaba problemas más serios. Por un lado, los que quedaban de la tradición colonial; por otro, los que surgieron de los conflictos regionales y, finalmente, los que se derivaban de circunstancias de hecho, tecnología de transporte, distancias, etcétera.

Mientras que el régimen colonial había sido formalmente centralista, muchas de las unidades administrativas contaban en las ciudades con tesorerías (cajas principales o subordinadas) que les daban en la práctica una gran capacidad para disponer de los recursos que cobraban supuestamente para la corona y con los que mantenían la burocracia local. Cuando se rompió la legalidad colonial, cada ciudad, con una tesorería recaudadora, luchó por retenerla, lo que se convirtió en un derecho cuando se proclamaron las autonomías provinciales. Los nuevos gobiernos independientes heredaron, paradójicamente, situaciones locales bastante autonómicas.

La fórmula unitaria de la Constitución de 1826, reiterada en la federal de 1853, al transferir las aduanas exteriores a la Nación, chocaba con los intereses de Buenos Aires y, al suprimir las interiores, con los de las provincias, pero ésa era la única fórmula viable para constituir el Estado nacional. La disputa sobre los recursos fue fuente de múltiples conflictos, enfrentamientos y guerras, que mantuvieron los mercados segmentados e impidieron la vigencia de los derechos de propiedad.

Por otro lado, los gobiernos, al reclamar la autoridad que heredaban de la corona en sus antiguas jurisdicciones, tuvieron que organizarse sobre territorios vastísimos y, muchas veces, despoblados. Mientras que las grandes unidades administrativas coloniales diseñadas para mantener el control imperial fueron posibles gracias a las cuantiosas entradas de la minería de la plata, ellas no fueron adecuadas para las nuevas repúblicas independientes, con economías pastorales rudimentarias afectadas crónicamente por la falta de recursos.

Hubo otros factores que hicieron difícil el establecimiento de un sistema institucional eficiente. Uno fue la dificultad en obtener el consenso de las distintas regiones sobre la nueva autoridad que sucedía a la del Rey. La legitimidad monárquica imponía un alto costo a las disidencias. Con la ruptura revolucionaria desapareció esa legitimidad y fueron menos costosos los intentos autonómicos e inclusive separatistas. El otro fue el de la disponibilidad de los recursos. Para consolidar la autoridad del Estado y sostener fuerzas militares en territorios distantes se requerían fuentes permanentes de ingresos. Era importante contar con una fuerza militar efectiva y ello suponía enfrentarse con varios problemas.

El primero fue el del cambio de la fuente de ingresos fiscales. Se pasó de los producidos por la minería del Potosí a los impuestos al comercio que se cobraban principalmente en el único puerto *marí-*

timo, Buenos Aires. Pero los nuevos gravámenes no alcanzaron para reemplazar a los antiguos, y pronto comenzaron las disputas sobre el derecho de las distintas regiones a las entradas de la aduana de Buenos Aires.

Perdido el Alto Perú, el país centró su producción en la ganadería, que fue mucho más pobre. Esto incidió en la escala y el diseño de la organización que proveía bienes públicos, así como en la tecnología militar. Una sociedad ganadera, sin agricultores, no estaba en condiciones de formar milicias, es decir, una fuerza militar no profesional a bajo costo. Las ciudades que pasaron por interminables crisis, por la escasez de la plata y la decadencia del comercio con el Alto Perú, cercadas por un mundo rural cada vez más poderoso, tampoco fueron exitosas para enfrentar a las caballerías gauchas con milicias urbanas.

Mientras que el Estado central necesitó dinero para armar sus ejércitos, los propietarios rurales pudieron usar de la caballería, una tecnología más barata en zonas con abundantes pasturas. Así fueron supliendo al poder central en la provisión de bienes públicos, manteniendo algún orden aunque fuera primitivo y despótico.

Durante la mayor parte del siglo XIX no se logró constituir un Estado central con el monopolio del poder legítimo de coerción y se vivieron interminables conflictos respecto de los derechos de las regiones y las provincias sobre las fuentes de recursos fiscales.

El primero tuvo lugar en 1820, cuando se disolvió el gobierno nacional y las provincias, cuyo número fue gradualmente en aumento, asumieron el suyo propio. Mientras que la geografía de un país, que por entonces era mediterráneo, condenaba a la subordinación al único puerto de *ultramar* en el Río de la Plata, las distancias, los costos de transporte y los diversos intereses conducían a la fragmentación fiscal y política. La reiteración de las aduanas interiores hizo más caras las mercancías que ya tenían un altísimo costo de transporte y mantuvo mercados pequeños y fragmentados, lo que incidió sobre el retraso del interior del país (no de Buenos Aires, que accedía al mercado internacional).

La fragmentación fue el origen de conflictos que la pobreza hizo interminables, ya que nadie tenía suficiente poder para volcar definitivamente la balanza a su favor. La guerra fue una fuente permanente de gastos que se cubrían, a veces, con recursos tributarios, otras con deuda, a veces monetaria (Buenos Aires), la mayoría en especie, y, finalmente, con un gravamen anacrónico: la confiscación.

Como los nuevos gobiernos no estaban en condiciones de garantizar la seguridad de los habitantes, pronto surgieron otras alternativas. Las circunstancias mencionadas hicieron más viables las unidades políticas de dimensiones menores donde era posible el ejercicio efectivo del poder a bajo costo. En economías que se volvieron predominantemente rurales, con poca circulación de dinero, la cobranza de impuestos fue mucho más difícil. Así, los servicios se ofrecieron o pagaron en especie: se formaron ejércitos casi privados con peones de hacienda, caballadas y ganados de propiedad de los hacendados. Surgieron los hombres fuertes, los caudillos que, en espacios más reducidos, cumplieron las funciones de proveer algunos bienes públicos por los que en compensación exigieron otras prestaciones. Así también se confundió la hacienda pública con la del gobernante.

El Estado nacional y el crecimiento económico

Tras la caída de Rosas, la Constitución nacional aprobada en 1853 introdujo reformas que posibilitaron la organización definitiva del Estado nacional. Se le dieron a éste los recursos de las aduanas exteriores (Buenos Aires) y, al mismo tiempo, se suprimieron las interiores, de las que hasta entonces vivían las provincias.

La fórmula lograda en San Nicolás y asentada en la Constitución de 1853 (art. 4) dio una solución fiscal a la organización del Estado argentino. Esta fórmula no satisfizo a Buenos Aires que, por casi diez años, se mantuvo segregada, reteniendo el control de su aduana.

El régimen de la Constitución de 1853 fue aun más difícil para un gran número de provincias. La pérdida de las aduanas interiores no llegó a ser compensada por los impuestos directos, a la propiedad y a las ganancias. Economías rudimentarias difíciles de evaluar y poco monetizadas no resultaban muy favorables para la percepción de esos impuestos.

Al fin de la guerra de desgaste entre distintas regiones en 1862 la aduana de Buenos Aires quedó finalmente en manos de la Nación, al tiempo que las provincias renunciaban a las aduanas internas. A partir de 1880, nuevas circunstancias, como la mayor riqueza y el uso de tecnologías que permitieron el acercamiento de las regiones (gracias a la disminución de los costos del transporte), pusieron fin al conflicto. Su solución se expresó en el pacto fiscal que dividió los recursos entre la nación y las provincias, acuerdo que fue respetado mientras la recaudación iba en aumento, gracias a la expansión de la economía, al crecimiento de la población y a la ampliación de los mercados.

La explotación de los recursos naturales, el aumento de la población que recibía salarios monetarios y la construcción de redes de transporte crearon un mercado que amplió la base impositiva y fue sustento del Estado moderno.

Este consenso fiscal que incluyó a las provincias, a la nación y a los diversos sectores sociales perduró, con algunas salvedades, hasta 1930. Resultado, en gran parte, de circunstancias que ampliaron los mercados y favorecieron el progreso, fue también condición de su continuidad.

Resumen

Los intentos de formar un Estado en los marcos de las instituciones liberales que se habían propuesto los revolucionarios en 1810 chocaron contra la dura realidad de la herencia administrativa, jurídica y cultural colonial. En un medio donde los recursos y la tecnología disponibles no favorecían la constitución de un gobierno que proveyera bienes públicos monopólicamente, los conflictos desatados afectaron negativamente los derechos de propiedad, generándose una gran inseguridad e incertidumbre que demoraron el crecimiento del nuevo país.

Tras medio siglo de conflictos, y gracias al marco provisto por la Constitución de 1853 y las nuevas tecnologías disponibles, se llegó a un acuerdo fiscal que permitió el funcionamiento de un gobierno central limitado, con división de poderes y una justicia independiente, dando garantía de respeto a la libertad y a la propiedad, lo que posibilitó la entrada masiva de capitales y de personas.

3. El progreso (1880-1914)

Resonaban todavía los fragores de los combates que pusieron fin al largo conflicto por la federalización de la ciudad de Buenos Aires cuando ya cientos de barcos anclaban en su puerto trayendo miles de personas para trabajar las feraces tierras pampeanas. Pero no sólo llegaba gente; con ella arribaban mercancías y, especialmente, material para la construcción de ferrocarriles. En sus viajes de vuelta, las bodegas cargaban lanas y cueros, y empezaban a incluir un producto novedoso: los cereales. Como las cargas eran más voluminosas en los viajes a Europa que en los trayectos hacia la Argentina, en éstos se completaban con el transporte de individuos, lo que permitía abaratar los pasajes facilitando la inmigración. Al usar plenamente la capacidad de las bodegas también bajaron los fletes. Esta baja se acentuó cuando se generalizó la navegación a vapor, que hizo más regulares y frecuentes los viajes trasatlánticos.

Los inmigrantes llegaban atraídos por la posibilidad de trabajar vastas extensiones de tierra, pero también porque el país les ofrecía respeto a su vida, libertad y derechos de propiedad, principios que no sólo figuraban en sus normas constitucionales y legislación positiva, sino que estaban garantizados por un régimen político estable y una justicia independiente, dejando en el olvido los difíciles años de desbordes y tribulaciones de las guerras civiles. Finalmente, también, porque tenían acceso a una educación primaria gratuita para sus hijos.

Aunque los que llegaban tenían el propósito de trabajar la tierra, todavía en la década del ochenta el ferrocarril no alcanzaba los lejanos territorios, por lo que muchos inmigrantes se quedaron en Buenos Aires y otros centros urbanos donde el ritmo febril de las inversiones generaba una inagotable demanda de mano de obra. En una Argentina pampeana sin ríos navegables —salvo el Paraná— se debió esperar la construcción de la red ferroviaria para que fuera viable la explotación agrícola. El ferrocarril llevó la población a las zonas rurales, acercó su producción a los puertos y, gracias a la baja de los transportes marítimos, permitió alcanzar los distantes mercados europeos.

Construir ferrocarriles requería una inversión que estaba lejos de la capacidad de ahorro local (algo así como cinco años de exportaciones). Por ello, cuando el gobierno la encaró directamente —en las líneas menos rentables—, tuvo que financiarla emitiendo deuda en el exterior. Cuando la dejó a la iniciativa privada lo hizo por medio de concesiones a empresas extranjeras (que tenían una amplia capacidad de oferta en la cúspide de la manía ferroviaria mundial) a las que en un comienzo se les garantizaron las ganancias. Gobierno e inversores apostaron, con razón, a que los ferrocarriles posibilitarían un aumento de la riqueza que permitiría pagar las deudas y obtener ganancias suficientes.

Aunque no hay duda de que las empresas realizaron una inversión rentable, también es cierto que, desde los años 1920, sufrieron la competencia del transporte automotor por lo que su monopolio natural duró menos de lo previsto para una inversión de tamaña magnitud.

Ahora bien, ¿por qué llegaron los capitales al país? La respuesta —también sirve para la mano de obra— fue que las rentabilidades eran más altas que las que se obtenían en Europa (y, si inicialmente esto no ocurría, el gobierno garantizaba una ganancia mínima, como en el caso de los ferrocarriles). Además, porque había seguridad y había bajado el riesgo país (disminuyendo la enorme brecha entre los intereses locales y los internacionales) cuando se contó —como dijimos— con un marco jurídico estable y gobiernos predecibles.

Sin embargo, la fórmula del acuerdo concluido en la Constitución de 1853 y puesta en práctica a partir de 1862 necesitó más tiempo para la definitiva consolidación, que se logró sólo en 1880, después que se sometiera a Buenos Aires, anulando el último reducto local en condiciones de desafiar al gobierno central. "Paz y Administración" fue el *motto* con que se inició bajo esas nuevas circunstancias la administración de Roca.

El poder del gobierno nacional se fundó en los crecientes ingresos de las aduanas exteriores generados por la expansión de las exportaciones. Ello le permitió subsidiar a varias provincias para sumar adhesiones políticas. A ese poder económico se agregaron una tecnología de transportes y el telégrafo, que permitieron el desplazamiento de fuerzas militares para tener un control efectivo sobre las enormes extensiones, el cual, hasta las rebeliones de López Jordán, en la década de los setenta, todavía ejercía quien tuviera la mejor caballada.

Ese pacto fiscal, base del poder nacional, concluyó, sin embargo, en un desequilibrio entre éste y el poder de las provincias (porque la pobreza les impedía a muchas mantener sus gobiernos), lo que las hizo crónicamente dependientes del gobierno central. Esta circunstancia se acentuó cuando se le dieron a la nación en 1866 y 1890 los impuestos internos y los de las exportaciones.

Pero no sólo existió por entonces un acuerdo entre la nación y las provincias respecto del uso de los recursos; también se logró un amplio consenso sobre la razonabilidad y la legitimidad de las contribuciones.

Aunque los impuestos indirectos (a las importaciones, que representaron la mayoría de la recaudación) son regresivos, ya que gravan los consumos sin tener en cuenta el ingreso, éstos fueron fácilmente aceptados, no sólo porque su incidencia en el gasto fue pequeña, sino porque los consumidores conseguían alimentos y manufacturas baratos (gracias a la baja protección) mientras que sus remuneraciones eran más altas que las europeas. Un pequeño gravamen a las mercaderías importadas no parecía mucho para participar de los bienes públicos (incluyendo la educación) que la sociedad, en plena expansión, producía. Esto explica el pacto fiscal entre el gobierno y los contribuyentes y el amplio consenso sobre las cargas fiscales que permitió la gobernabilidad de la sociedad y que perduró hasta 1930 para no volver a repetirse.

No todos participaron en la misma medida del aumento del ingreso. Mientras el PBI per cápita creció entre 1875 y 1914 un 3,9% por año, los salarios lo hicieron un 1%. Es cierto que esta comparación corresponde a una categoría homogénea de trabajo no especializado y que es probable que en el curso de varias décadas las mejoras en la capacitación y la inversión en capital humano se reflejaran en aumentos para una misma persona.

La década del ochenta no transcurrió, sin embargo, sin tropiezos. Los gobiernos, imbuidos de la fiebre del progreso, no siempre actuaron con prudencia y cometieron, a veces, graves errores o incurrieron en conductas en las que confundieron los intereses públicos con los privados. El breve intento de convertibilidad, tras el duro esfuerzo de austeridad de Avellaneda, fue interrumpido en 1885, lo que creó un clima de desconfianza, que tras los grandes déficits fiscales y la enorme emisión monetaria realizada por los bancos garantidos provocó una descomunal fuga de capitales, que concluyó en la crisis de 1890, la más severa que conoció el país hasta la de 1930.

La crisis que afectó principalmente al sector financiero y al gobierno no afectó a la agricultura, aunque se produjo una caída del producto en 1891 y el crecimiento durante el primer quinquenio se desaceleró debido al impacto de la caída de las importaciones, transportes, comercio e industria. Las exportaciones de trigo, que en 1888 habían alcanzado a unas 100 mil toneladas, se multiplicaron por diez en 1893. El país mostraba una vigorosa expansión agrícola cuando, hasta 1876, aún importaba trigo. En la década del noventa comenzaron a realizarse exportaciones de ovinos en pie hacia Europa.

Las consecuencias de los ajustes se vivieron especialmente en los sectores urbanos, con el congelamiento de la emisión en sus niveles de 1890, el aumento de los encajes bancarios y de la tasa de interés. El peso sufrió una enorme depreciación que continuó hasta 1893 y se produjo una notable caída de los salarios reales. En el segundo quinquenio, en cambio, como resultado de las medidas tomadas, bajaron los precios, se valorizó el peso y aumentaron los salarios reales. El país llegó, al final del siglo, en condiciones tales que pudo incorporarse al régimen del patrón oro, creando una caja de conversión con un tipo de cambio fijo de 2,2727 pesos por cada peso oro o dólar de los Estados Unidos.

Los años de la más rápida expansión: 1900-1913

El nuevo siglo se iniciaba con expectativas optimistas que la realidad confirmaría. Se había pasado por la dura prueba de los ajustes y la estabilización posterior a la crisis de 1890, se habían ordenado las finanzas, arreglado el pago de la deuda y estabilizado la moneda. Se volvía a confirmar que con austeridad y trabajo se podían superar no sólo las dificultades sino los desaciertos. Tras los arreglos de 1893 y 1896 se habían ordenado los pagos de la deuda y a fin de siglo no sólo pesaban menos en las finanzas públicas, sino también en las reservas de oro. Se había mostrado al mundo que la casa estaba en orden y la nueva ley de convertibilidad indicaba la disposición y el compromiso de no usar de la emisión para obtener recursos fiscales. Volvieron a recibirse importantes flujos de capitales desde el exterior. Hubo un renovado auge de la construcción ferroviaria que llegó a un máximo de inversión en 1913 equivalente a un 5% del PBI.

Gracias a esos cambios hubo una reorientación de las inversiones. Fueron relativamente menores las que se hicieron en bonos del gobierno y crecieron las directas, porque las ganancias que se obtenían en moneda local se podían convertir, desde fin de siglo, a un tipo de cambio fijo. Transportes, compañías de tierras y servicios, seguros, bancos fueron los sectores que atrajeron más a los capitales extranjeros. A la vez, hubo una notable recuperación de los flujos de inmigración.

Pero lo que produjo un mayor impacto en el crecimiento de la década fue la transformación que tuvo lugar en la ganadería. Entre fines de siglo y la primera década del nuevo se pasó de una ganadería que extraía cueros a otra productora de carnes para exportación, con un valor agregado mayor. Ello se debió a dos circunstancias. Por un lado, a la disponibilidad de una tecnología, la del barco frigorífico (ya que el país ubicado en el Atlántico Sur no podía competir con los Estados Unidos en el envío de ganado en pie a Gran Bretaña), por otro, a la modificación de los *stocks* ganaderos, para lo que se debieron importar reproductores británicos que mejoraron la calidad de la carne, y al diferente uso de la tierra, para lo que se implantaron pasturas en vastas extensiones de campos naturales. Todo ello supuso un cambio en la inversión y en la tecnología, al que los productores respondieron eficientemente.

La inversión en reproductores fue sustancial y la Sociedad Rural Argentina se encargó de difundir entre los productores información sobre la posibilidad de las ganancias que se podían obtener. La implantación de pasturas se pudo hacer a un bajo costo (en un país con trabajo caro) cuando se encontró en el arrendamiento una solución que convenía a la vez a ganaderos y agricultores (Cortés Conde, 1997).

4. La Argentina entre las dos guerras

La Primera Guerra Mundial

"El estallido de la Guerra Mundial en agosto de 1914 encontró a la Argentina básicamente no preparada para soportar el impacto de los factores económicos que desató la catástrofe. Especialmente susceptible a la influencia de la economía internacional debido a sus estrechos contactos con Europa, Argentina estuvo afectada por el estallido de ese conflicto."
(Phelps, 1938.)

Así describía, dos décadas después, el estudioso norteamericano Phelps la situación argentina al estallar la Primera Guerra Mundial. Efectivamente, a pesar de no ser un país beligerante —por lo que no sufrió pérdidas de vidas y bienes materiales—, debido a su estrecha vinculación con Europa pasó por las difíciles alternativas de la guerra y de la posguerra.

Los primeros síntomas de una economía sensible a los conflictos internacionales se vivieron en Buenos Aires en 1912 con la crisis en los Balcanes que provocó una fuerte salida de oro de la Caja de Conversión. Los ingresos de capitales se detuvieron y se revirtió el impresionante *boom* de la construcción y las especulaciones en tierras y propiedades de los años previos (Phelps, 1938).

Bajo un sistema de patrón oro, la salida de éste produjo una contracción monetaria que llevó a los bancos a aumentar sus reservas y exigir la liquidación de créditos, lo que en los años 1913 y parte de 1914 condujo a la detención generalizada de los negocios.

Cuando se pensaba que se estaba saliendo de la recesión estalló, en agosto de 1914, el conflicto en Europa. Los países beligerantes suspendieron la convertibilidad, para evitar la salida de reservas, y subieron la tasa de interés, lo que revirtió el movimiento de capitales. Se sufrió también una falta notable de bodegas, que afectó el normal comercio entre América y Europa. La reversión del flujo de capitales fue acompañada por una caída de un 20% de las exportaciones.

Debido a la casi paralización de los negocios, se decidió un feriado bancario de ocho días y una moratoria financiera para todo el mes de agosto. Se suspendió la convertibilidad (los pagos en metálico en la Caja de Conversión), se embargaron los envíos de oro al exterior y se dictó una ley que permitió emitir dinero a la Caja de Conversión bajo ciertas condiciones. Los temores sobre los efectos negativos de la salida de capitales y las caídas de las exportaciones fueron de corta duración. Aunque se interrumpió el comercio con Alemania y las potencias centroeuropeas, no ocurrió lo mismo con Gran Bretaña, a pesar de los ataques de los submarinos alemanes. Por otra parte, tras el primer momento, los capitales europeos volvieron a la Argentina, un país neutral, distante del escenario de guerra.

Esto no impidió que en los años siguientes la recesión se acentuara. Ello se debió a la caída de las importaciones, principalmente de materiales tales como combustibles, materias primas y otros insumos necesarios para las obras de infraestructura y las manufacturas, lo que no sólo afectó a la industria y al transporte, sino indirectamente al gobierno (que recibía sus ingresos de los impuestos de importación) y, consecuentemente, a las obras públicas. Esto contribuyó a un muy difícil clima de negocios, que perjudicó a la construcción y a la actividad comercial. Pero la recesión provocada por la guerra no tuvo su causa en problemas de demanda; se trató principalmente de un *shock* de oferta.

Como ha pasado otras veces, a un mal externo se agregó otro doméstico, que tampoco estuvo bajo control. Las malas condiciones climáticas provocaron la pérdida de dos cosechas de trigo y una de maíz en tres años, con lo que el producto agrícola cayó un 12% en 1914 y un 55% en 1917. A los alegres años del *boom* de preguerra siguieron entre 1913 y 1917 otros muy difíciles. Una paralización generalizada de la construcción, la escasez de combustibles y materias primas y el encarecimiento de los fletes configuraron una situación que, junto a las condiciones climáticas, se mostró muy poco alentadora.

Al final de la guerra empezó una recuperación impulsada por la necesidad de alimentar a la población europea que no estaba en condiciones de transformar inmediatamente en tierras productivas lo que habían sido sangrientos campos de batalla. La demanda impulsó los precios de los alimentos hacia arriba y ello indujo a los productores a aumentar las extensiones cultivadas y las existencias ganaderas. Esa demanda fue, sin embargo, de corta duración, ya que la recuperación de la oferta europea fue muy rápida. Acompañan este hecho las nuevas tendencias al autoabastecimiento de alimentos, lo que contribuyó a que en los comienzos de la década del veinte se revirtiera la escasez de alimentos y el mundo se encontrara ante una crisis de sobreoferta que condujo a la baja de los precios agrícolas, incidiendo negativamente en la economía de los países primarios.

El mundo en la posguerra

El corto período de expansión terminó entre 1919 y 1920. En 1919, los Estados Unidos y Gran Bretaña dejaron de sostener la libra esterlina y el franco francés. Desde que en 1914 se instauraron controles de cambio, gracias al sostén de la Reserva Federal se mantuvieron (bajo inconvertibilidad) las paridades nominales de preguerra. A partir de 1920, se inició un período de inestabilidad con la flotación de las divisas europeas y una gran volatilidad de capitales.

La situación se tornó más difícil cuando, preocupada por la disminución de sus reservas, la Reserva Federal de los Estados Unidos subió la tasa de interés, iniciando una generalizada recesión. Con ello bajó la demanda de importaciones en los Estados Unidos y en Europa y los flujos de capitales se revirtieron, empeorando el ya enrarecido comercio.

Sin embargo, ése no fue el problema más grave que dejó la guerra. Las necesidades de financiamiento, cuya magnitud y duración estuvieron más allá de todo cálculo, produjeron inflaciones de proporciones enormes en un mundo donde ya se había generalizado el uso del papel moneda. No sólo fueron elevadas, sino también muy distintas, lo que hizo más difícil retornar a las paridades de preguerra. Por otra parte, el problema de la inflación, como el de las paridades, había estado disimulado por los controles de precios y el ficticio sostén de sus monedas por parte de los aliados. Esa situación estalló al terminar la guerra, cuando los controles se levantaron y los bancos centrales dejaron de sostener las paridades nominales de preguerra.

Toda la década del veinte transcurrió en los casi siempre fracasados esfuerzos por volver a la estabilidad monetaria, lo que requería esfuerzos fiscales muy serios. La evolución fue distinta: de gravedad extrema en las hiperinflaciones de Alemania y de Europa Central, severa en Francia y en Italia, más ordenada —aunque no menos dura— en Gran Bretaña. No sólo la inflación, sino también los ajustes afectaron al comercio internacional y a los mercados de capitales y, más especialmente, a los de los países exportadores primarios. Por un tiempo, la euforia de los *locos años* veinte ocultó esos desequilibrios que terminaron en una catástrofe, cuando, en 1928, la Reserva Federal puso freno a la gran burbuja especulativa.

La posguerra en la Argentina

Las circunstancias internacionales de posguerra afectaron a la Argentina, que se había adecuado a un sistema internacional de libre flujo de mercancías y capitales dentro del cual, durante casi medio siglo, había tenido un resonado éxito.

El efecto que tuvo sobre la inversión el hecho de que, en la posguerra, Gran Bretaña no continuara siendo la mayor fuente de ingreso de capitales fue probablemente exagerado. En primer lugar, porque tras las enormes inversiones en infraestructura, en las décadas que precedieron a la guerra, parecería innecesario un esfuerzo de acumulación de similares proporciones. Las redes ferroviarias ya estaban instaladas, los puertos se habían construido, la edificación había sido notable en los principales centros urbanos, los establecimientos agrícolas y ganaderos se habían modernizado. Es dudoso que se hubiera requerido una inversión de la magnitud de la primera década, cuando los bienes de capital incorporados tenían un período de maduración largo. Por otra parte, la tecnología en el siglo XX necesitaba otro tipo de inversiones, como automotores, camiones y maquinaria industrial, que tenían magnitudes menores. Y éstas, como las de los teléfonos, crecían aceleradamente durante la posguerra.

El efecto causado por la sobreexpansión de la oferta al final de la guerra y las medidas protectoras que buscaban asegurar a cada país el abastecimiento en los mercados locales tuvieron consecuencias más serias sobre el comercio. Con *stocks* de cereales difíciles de absorber ya desde 1925, la tendencia de los precios agrícolas declinó. Pero tampoco debe buscarse en estas circunstancias la causa del fin del proceso expansivo de la agricultura, porque, si bien es cierto que la demanda de cereales decrecía, en el mundo se incorporaron los cultivos industriales más intensivos, como el algodón, que tenían una fuerte demanda local. En las carnes el problema fue más serio, ya que desde 1927, invocando motivos sanitarios, los Estados Unidos cerraron sus mercados a las carnes argentinas. Sus exportaciones, que habían sido el motor de la enorme expansión de la primera década, perdieron en los años veinte un impulso que no recuperarían nunca más. Pero la decisión norteamericana tuvo otras consecuencias. Llevó a los argentinos a pensar que ya no les convenía un comercio abierto con el mundo, iniciando intentos de políticas discriminatorias "comprando a quienes nos compran", que tendrían una prolongada vigencia desde los años treinta.

Los problemas no terminaron ahí. Cuando los mercados se vuelven más difíciles y los precios bajan, todos tienden, en las distintas etapas desde que un producto se elabora y llega al mercado, a transferir a los otros las consecuencias de las bajas (dependiendo de las elasticidades de su demanda). Como la comercialización de cereales era controlada por cuatro grandes compañías y la de las carnes por pocos frigoríficos, tuvieron lugar enfrentamientos entre múltiples productores y las pocas compañías comercializadoras o elaboradoras (con el agravante de que ellas eran extranjeras). Esto llevó a apelar al Estado para que protegiera a los productores de los poderosos monopolios y fomentó la aparición de reacciones políticas antiextranjeras.

Otras circunstancias afectaron al régimen monetario y la evolución de los precios. Tras el esfuerzo deflacionario de la mayor parte de la década de los noventa el país, en 1899, había entrado en el régimen del patrón oro. Con ello se logró que los precios convergieran con los internacionales, inaugurando un largo período de estabilidad sólo parcialmente interrumpido por la Primera Guerra Mundial.

Como respuesta al estallido del conflicto y a medidas similares que adoptaron los países europeos, en agosto de 1914 la Caja de Conversión decidió la suspensión de los pagos y el embargo de los envíos de oro al exterior.

La medida que suspendió la convertibilidad fijó de hecho un límite mínimo a la base monetaria. Para aliviar la contracción producida por la salida de oro, se autorizó al Banco de la Nación a redescontar documentos comerciales de los bancos privados y a la Caja de Conversión a emitir sobre la base de ellos, siempre que mantuviera una reserva mínima del 40%. Por otra parte, como era azaroso transportar desde Europa los excedentes de oro al país debido a la guerra en el mar, se autorizó a la Caja de Conversión a emitir sobre la base del oro depositado en las legaciones en el exterior. Mientras que la primera autorización no se utilizó hasta el año 1930, la segunda provocó un aumento del circulante a medida que se acumulaba oro en las legaciones argentinas. Por otro lado, la suspensión no fue absoluta, ya que se permitió a los titulares de créditos en el exterior a girar sobre éstos. Con los excedentes acumulados en Europa se pagaron las importaciones y el gobierno canceló la deuda externa con parte de los saldos comerciales comprados a los exportadores. La inconvertibilidad se limitó, por lo menos hasta el año 1920, al congelamiento de las reservas de oro en la Caja de Conversión. Los flujos de divisas resultantes de las operaciones realizadas durante la guerra fueron, en cambio, de libre disponibilidad. Se mantuvo la paridad del peso que en algunos momentos se valorizó frente a la libra y aun al dólar. En realidad, de 1914 a 1920 la inconvertibilidad estuvo limitada al *stock* de divisas acumuladas hasta 1914, mientras fueron de libre disponibilidad las producidas después.

La situación cambió cuando, en 1920, la Reserva Federal subió la tasa de interés y los flujos de capitales volvieron hacia los Estados Unidos. El gobierno prohibió a los particulares disponer de sus divisas, lo que provocó una generalizada desconfianza y una depreciación del peso que continuó hasta 1923. Por otra parte, esas experiencias, como tantas otras, contribuyeron a crear nuevos marcos institucionales. En este caso, el gobierno pudo usar divisas al tipo de cambio oficial, más bajo que el del mercado, así como también concederlas a quienes tenían —según él— necesidades prioritarias. Esas experiencias discriminatorias con el cambio se generalizaron en los años 1930 y perduraron por mucho tiempo.

Desde 1914 hasta 1920 los precios argentinos continuaron convergiendo con los británicos (el país se ubicaba en el área de la libra) y aun con los de los Estados Unidos. La divergencia empezó a advertirse a partir de 1920. Hasta 1923, la inflación argentina fue mayor que la de Gran Bretaña y el peso se depreció con relación a la libra.

A partir de 1923 los precios volvieron a convergir con los internacionales, comenzando un período de apreciación hasta 1927, cuando el país volvió a la convertibilidad.

Debe advertirse que en una economía pequeña y abierta como la Argentina los precios de los alimentos se fijaban mundialmente (el país era tomador de precios). Ello hizo que la baja de precios internacionales —en los que los alimentos integran una parte importante de la canasta de consumo—pudiera ocurrir sin que necesariamente hubiesen bajado del mismo modo los costos (salarios). El país no pudo (como en el caso de Brasil con el café) transferir el aumento de sus costos al exterior. En ese caso la paridad cambiaria podía hacer poco competitivas las actividades intensivas en trabajo (bienes/salario).

Durante el período inflacionario de la posguerra los aumentos de salarios nominales no lograron compensar la pérdida de su poder de compra. Cuando, a partir de 1923, los precios bajaron y el peso comenzó a tener una sostenida valorización, los salarios, que antes no habían logrado alcanzar el nivel de los precios, mantuvieron sus niveles nominales previos, beneficiándose así con el aumento de su poder de compra. Los salarios reales, en la parte final de la década de 1920, tuvieron un alza espectacular. En la industria textil subieron un 5,7% por año entre 1926 y 1929, mientras que el producto bruto interno lo hizo más lentamente.

Al mismo tiempo, la industria fue pasando de actividades que usaban una mayor proporción de recursos naturales (tierra), como los alimentos, a otras más intensivas en trabajo, como las textiles. Y esto, precisamente, al tiempo que el trabajo se encarecía. Ahora bien, ¿a qué se debió eso?

En parte pudo ser a la disminución de la entrada de inmigrantes, lo cual, en los años previos a la guerra, había permitido una oferta muy elástica de trabajo. Con una población de origen europeo, altas expectativas y una experiencia que los llevaría a formar los sindicatos más poderosos del continente, con partidos políticos que propiciaban una legislación social avanzada, no se logró bajar los costos del trabajo. Esto, según los reclamos de especialistas y empresarios como Bunge y Tornquist, restó competitividad a la industria argentina.

En esa época, sólo regímenes totalitarios como el italiano, el alemán o el soviético, en los veinte y en los treinta, lograron disciplinar el trabajo gracias a una dura represión, bajando los salarios que habían subido en la posguerra, algo que tampoco pudo hacer Gran Bretaña (aunque fue más exitosa en ese aspecto que la Argentina).

En la década siguiente, la Argentina encontraría en la devaluación una solución para bajar los costos salariales en términos internacionales, la cual apareció al principio como menos conflictiva, aunque tuvo luego consecuencias gravísimas.

El final de la década

Los difíciles problemas estructurales que aparecieron durante el segundo quinquenio de los veinte fueron, de algún modo, ocultados por la fiebre especulativa desatada por el auge de la Bolsa de Nueva York, lo que se reflejó en una abundancia de capitales que financiaron parte de los déficits (otra parte quedó como deuda flotante). Ello permitió seguir con los *años locos* hasta que, en 1928, preocupada por la burbuja especulativa, la Reserva Federal aumentó la tasa de interés, lo que produjo la reversión de la tendencia de capitales y una fuerte contracción en el mundo.

La Primera Guerra Mundial tuvo consecuencias de largo alcance. Puso fin a la *belle époque*, período en que habían funcionado razonablemente los mercados de bienes y factores a escala mundial bajo un sistema multilateral de pagos como el patrón oro. La estabilidad de los precios y de las monedas, en un mundo en que fluían libremente las mercancías, los capitales y las personas, había permitido un crecimiento sensacional del que la Argentina no estuvo ausente. La guerra produjo enormes déficits fiscales, grandes inflaciones, inestabilidad monetaria, gran volatilidad de los capitales, enrarecimiento y disminución del comercio y el comienzo de la intervención del Estado en casi todos los mercados. No se pudo, en la posguerra, volver al equilibrio anterior y fracasaron los intentos por restablecer el patrón oro. Se notó menos, aunque quizá fue más importante, el aprendizaje que se hizo para enfrentar las nuevas circunstancias. Sobre la base de esas respuestas, algunas veces tímidas y graduales, se crearon nuevos marcos institucionales entre los años de la crisis y la Segunda Guerra Mundial.

En la Argentina, entre otros factores, pueden mencionarse las normas que autorizaron a emitir sobre la base de redescuentos, los mecanismos de control y discriminación en los cambios, los primeros intentos de acuerdos bilaterales de comercio (misión D'Abernon), así como las leyes protectoras de la industria de la carne. Finalmente, se concretó la formación de grupos y asociaciones de interés con creciente poder. La Argentina, desde los treinta, había iniciado un camino corporativo y, gradualmente al principio, más acentuadamente desde la Segunda Guerra Mundial, abandonaba la *belle époque*.

La crisis de 1930 y la Segunda Guerra Mundial

La crisis de 1929 en los Estados Unidos repercutió en la Argentina con la inmediata y continua salida de oro de la Caja de Conversión. Como resultado del ingreso de fondos del exterior, entre 1926 y 1928 las reservas de oro de la caja habían aumentado un 30%. En un solo año, 1929, cayeron un 25%. Debido a ello, en agosto de 1929 el gobierno de Yrigoyen decidió suspender la convertibilidad, repitiendo una medida que se había tomado durante la Primera Guerra Mundial. Extendida la crisis, cayó la demanda mundial de productos agrícolas y en consecuencia sus precios, lo que se agravó por el fracaso de la cosecha en 1930 que significó, en ese año, una caída del 22% del volumen físico agrícola.

El gobierno del golpe que el 6 de septiembre de 1930 derrocó a Yrigoyen, enfrentado a esas dificultades, respondió con los mecanismos que se conocían. Trató de equilibrar las finanzas públicas que habían tenido un fuerte déficit en 1929 bajando drásticamente los gastos. El oro, que ya no se podía obtener en la caja, se cotizaba en los mercados a un precio más alto que el oficial, con lo que comenzó una sostenida depreciación del peso. El gobierno usó los fondos de la caja para pagar la deuda externa (con la que cumplió estrictamente) y vendió oro a particulares para evitar una mayor depreciación, lo que produjo una contracción monetaria. Los bancos afectados por la reducción de la emisión aumentaron sus encajes y se redujo el crédito. La caída de las exportaciones, la reducción del crédito y la caída de los ingresos fiscales debida a la disminución de las importaciones acentuaron la recesión. El gobierno gestionó un empréstito en Francia para sostener el valor del peso pero, al conocerse el triunfo del partido radical (que había sido derrocado por el golpe) en las elecciones de abril de 1931, el crédito no fue concedido, lo que generó un clima de desconfianza.

La disminución de las importaciones había provocado la caída de los derechos de aduana (principal fuente de ingresos del gobierno), por lo que se decidió un nuevo gravamen transitorio: el impuesto a los réditos. Como afectaba directamente a los ingresos, su percepción, en realidad, correspondía a las provincias. A pesar de su carácter transitorio, se mantuvo indefinidamente, continuando un proceso de avance sobre las facultades provinciales que había empezado con los impuestos internos durante la crisis de 1890.

El mismo año de 1930 se facultó al Banco Nación a redescontar documentos de la banca comercial y a la Caja de Conversión a emitir sobre la base de esos redescuentos, siempre que mantuviera reservas en oro por un 40% de la emisión. Se utilizaron para ello las facultades otorgadas al banco y a la caja por las leyes de 1914, que hasta entonces nunca habían sido utilizadas. No sólo se suspendió la convertibilidad, sino que se comenzó a crear dinero también sobre la base del crédito y no exclusivamente sobre la de las reservas. Ello no había ocurrido en el período de inconvertibilidad de la Primera Guerra Mundial, en el que se habían respetado las reglas del patrón oro.

La emisión fue moderada, ya que el Banco Nación no podía llevarla más allá del 10% de sus depósitos. En 1932 se emitió el Empréstito Patriótico Nacional, que se colocó en el banco y por el que la caja hizo circular una cantidad de dinero equivalente. Ya se había completado la transformación de la vieja caja –que emitía a medida que entraba oro– hacia lo que sería después el Banco Central, que lo haría contra reservas en divisas, pero también contra créditos al gobierno y al sector financiero.

Como respuesta a la medida de Gran Bretaña, que salió del patrón oro en octubre de 1931, se estableció el control de cambios.

En 1933, ya bajo el gobierno del general Justo, se incorporó al gabinete el doctor Federico Pinedo como ministro de Hacienda y con él tuvieron lugar importantes reformas. Se precisó el régimen de control de cambio estableciéndose dos mercados oficiales: uno para exportaciones a $15 la libra esterlina, y otro para importaciones a $17 la libra. Los exportadores estaban obligados a vender sus divisas al Banco Central al tipo comprador, mientras que los importadores debían pedir un permiso previo que se concedía de acuerdo con las disponibilidades de divisas y con que la operación fuera considerada prioritaria. Todas las otras transacciones, financieras o importaciones sin permisos previos, se liquidarían en un mercado supuestamente libre, donde se transarían la oferta (muy limitada, porque a ella no tenían acceso las exportaciones) y la demanda, pero donde, de todos modos, el Banco Central tendría una cierta intervención. Después de algunas oscilaciones, el peso en ese mercado se cotizó a $20 la libra.

Las diferencias entre los tipos de cambio fueron a constituir el llamado *margen de cambios* que, originalmente pensado para sostener los precios agrícolas, sirvió en adelante como fuente de financiamiento para el gobierno.

Al liquidar importaciones por el mercado oficial (más baratas, como las de Gran Bretaña tras el convenio de 1933) o en el mercado libre (más caras, como las de los Estados Unidos, a quienes se respondía así por la prohibición de importar carnes argentinas) el gobierno pudo discriminar el comercio con el exterior.

En 1934, como respuesta al fracaso de cosechas en los Estados Unidos, subieron los precios de los productos agrícolas y comenzó la recuperación. Esto hizo innecesario subsidiar el precio mínimo fijado por la recientemente creada (1933) Junta Reguladora de Granos.

Sin embargo, en 1932, el comercio de carnes se vio perjudicado por la firma del Tratado de Ottawa, que puso en vigencia las preferencias imperiales a favor del comercio entre los países del *Commonwealth*. En 1933 el gobierno envió una misión encabezada por el vicepresidente Roca que firmó un convenio bilateral de pagos (lo que se había generalizado en el mundo tras el abandono del patrón oro) y de comercio conocido como el tratado Roca-Runciman. Gran Bretaña aceptó continuar con el nivel de importaciones de carne de la Argentina de los años 1931-1932 (que había sido menor al promedio) mientras la Argentina —que había puesto restricciones a los envíos de ganancias al exterior y a las importaciones— se obligó a utilizar las divisas generadas en su comercio con Gran Bretaña para pagar las remesas de las empresas, las deudas financieras y las importaciones de ese país, con excepción de un monto de 3 millones de libras del que dispondría libremente para pagar en cualquier otra moneda los servicios de su deuda pública externa. Se entraba así al mundo del bilateralismo. Existieron otras disposiciones que causaron gran oposición, como la concesión del monopolio del transporte público automotor de la ciudad de Buenos Aires a la Compañía Anglo en la nueva Corporación de Transportes, a la que se debieron incorporar los populares "colectivos", lo cual provocó el airado repudio del público de la ciudad. La recuperación continuó, ayudada por un programa de obras públicas (importante en la construcción de carreteras).

En 1935 se creó el Banco Central sobre la base de un proyecto de sir Otto Niemeyer, pero modificado para adecuarlo a las experiencias y necesidades del gobierno argentino.

El banco no limitó su objetivo a la estabilidad de la moneda, sino que fue autorizado a tomar medidas que evitaran las fluctuaciones en el valor del peso producidas por la estacionalidad e inestabilidad de las exportaciones. Para ello usó como instrumentos la compra de valores del Estado (política de mercado abierto) y el redescuento de las carteras de los bancos comerciales. No se siguieron los principios de la Currency School que habían orientado al Banco de Inglaterra sino los de la Banking School, que adoptó la Banking Act de los Estados Unidos de 1935 (Arnaudo, 1987). Asumió las responsabilidades de emisión de la antigua Caja de Conversión y las de agente financiero del gobierno que había tenido el Banco de la Nación, quedando con los activos y pasivos de la caja. Su emisión estaría respaldada por reservas en oro y divisas y los créditos al sector financiero y al gobierno.

El Banco Central (Prebisch, 1986) tuvo una función estabilizadora, expandiendo la oferta monetaria en las fases recesivas y limitando el crecimiento monetario en las expansivas. Sin embargo, ya en los finales de los treinta, comenzó a descubrir la posibilidad de usar los instrumentos monetarios para el financiamiento de más largo plazo.

Al recibir los fondos de la caja, se revaluaron las reservas de oro que recibió de la Caja de Conversión, artilugio contable que permitió doblar la emisión y con ello pagar las deudas del gobierno con el Banco de la Nación y sanear las carteras inmovilizadas (incobrables) de los bancos privados. Esto significó la imposición de un gravamen a todos los tenedores de activos monetarios por un monto equivalente.

La política del banco, a partir de 1935, fue moderadamente expansiva. Pinedo estimaba que, en ese período, un 80% de los gastos estaba cubierto con impuestos (Pinedo, 1971), con lo que el otro 20% (dada la imposibilidad de colocar deuda) lo estaba con la creación de dinero.

Como resultado de la caída de las importaciones, de los aumentos de las tarifas, del tipo de cambio más alto y de las restricciones cuantitativas (permisos previos), una parte importante de la demanda de bienes de consumo, la provista desde el exterior, quedó insatisfecha. Esto permitió a los productores locales abastecerla a precios más elevados que los precios de los insumos importados. Se evitó además la contracción del circulante que hubiera resultado de la salida de reservas (por medio de la emisión sobre la base del crédito). No continuaron las reducciones de gastos, ya que se encontraron nuevas fuentes de ingreso y desde 1934 se recuperó la agricultura. Como respuesta a una demanda doméstica en aumento tuvo lugar un fuerte crecimiento industrial. El mayor ocurrió en la industria textil, que continuó la expansión iniciada en la década del veinte (Villanueva, 1972) porque, desde entonces, había tenido la oportunidad de contar con materia prima doméstica (el algodón) a un bajo costo de transporte y de importar maquinaria, por lo que pudo responder satisfactoriamente a los requerimientos de una demanda que había quedado desabastecida. La expansión se extendió a otros rubros: artículos del hogar, farmacia, etc. En una parte no desdeñable fue también favorecida por la entrada de inversiones directas de los Estados Unidos que, de ese modo, neutralizaron la discriminación comercial en su contra (ya que sus importaciones se liquidaban por el mercado libre). Las empresas norteamericanas terminaban el producto en el país, importando la mayoría de los insumos a un tipo de cambio muy favorable, mientras el producto final quedaba protegido por uno más alto. Esta estrategia tenía una ventaja política frente a la de importar, ya que daba trabajo en el mercado local. El crecimiento fue ayudado por una oferta elástica de mano de obra, provista esta vez desde el interior. Los términos de intercambio internos, desfavorables para la agricultura, expulsaron trabajo de los sectores rurales que fueron a parar al sector urbano, donde los salarios reales eran subsidiados con alimentos baratos. Entre 1935 y 1945 más de un millón de personas emigró a la ciudad de Buenos Aires, modificando el proletariado urbano y asentándose en los suburbios de las grandes ciudades, cuando no en las nuevas y multiplicadas "villas miseria".

Mientras los años de la depresión se vivieron bajo la presión de las dificultades de pagos externas, con el estallido de la Segunda Guerra Mundial todo cambió. En tanto que las importaciones cayeron drásticamente, ya que la producción de los países en conflicto estaba destinada a las necesidades bélicas, las exportaciones argentinas, a pesar de los azares de la guerra en el mar, continuaron llegando a Gran Bretaña, necesitada de alimentos. La Argentina no sufrió restricciones de oferta del mismo modo que como en la Primera Guerra Mundial. Las industrias habían madurado y se abastecían parcialmente de insumos domésticos —como en el caso de los textiles— cuando no en algunos otros países. Los problemas de energía fueron serios, aunque mejoró el abastecimiento local de petróleo y un nuevo desfollaje del bosque chaqueño permitió que la leña reemplazara al carbón en el transporte ferroviario. Por otro lado, desde 1930, el Estado ya no dependía principalmente de los impuestos a las importaciones y había obtenido nuevas fuentes de recursos. La inversión ya no estuvo radicada en el ferrocarril, porque fue importante la realizada por el gobierno en la construcción de caminos. A pesar de que en algunos años el producto cayó, la onda expansiva llegó hasta los años de la inmediata posguerra.

5. La economía política del peronismo (1946-1955)

Aunque mucho había cambiado desde la crisis de 1930, nada influyó tanto como el peronismo en la vida argentina de la segunda mitad del siglo. Podría decirse que en 1946 se inauguró una etapa en la que prevaleció una concepción distinta del Estado y de la economía. En realidad, como hemos ido relatando, ya se habían producido cambios importantes entre la Primera y la Segunda Guerra Mundial, pero la creación de un marco institucional nuevo fue, sin duda, resultado del peronismo.

En junio de 1943, un grupo de oficiales simpatizantes del Eje derrocó al presidente Castillo (a pesar de sus afinidades), en razón de que éste apoyaba para sucederlo a un dirigente conservador proclive a los aliados. Con el nuevo gobierno las tendencias autarquizantes y aislacionistas, que habían surgido como respuesta a la crisis y la guerra, adquirieron un renovado vigor. Esta vez, como parte de una ideología de defensa nacional que buscaba el autoabastecimiento de armamentos. Brasil, aliado de los Estados Unidos, recibía armas que se negaban a la Argentina, cuyos gobiernos desde Castillo eran acusados, bajo su alegada neutralidad, de simpatías con el Eje.

Hacia el fin de la guerra preocupaba al gobierno militar la vuelta a la normalidad. Se temía que se repitieran las experiencias de la primera posguerra cuando la reanudación del comercio había llevado a la caída de las actividades surgidas del aislamiento, provocando con ello cierres de establecimientos, despidos de obreros y agudos conflictos sociales. Estos problemas serían aun más graves porque, en la década anterior, habían migrado a los centros urbanos más de un millón de personas que se asentaron en las zonas marginales de las grandes ciudades, empujadas por los desfavorables términos internos de intercambio, producto de las políticas cambiarias. Esa enorme masa podía ser caldo de cultivo para la agitación de los extremistas o clientela de una nueva coalición política. Cuando la guerra concluía, el ejército soviético colocaba la bandera roja en el Reichstag y los partidos comunistas participaban en las primeras coaliciones de gobierno en Francia y en Italia. El nuevo régimen entendía que había que eliminar la posibilidad de conflictos, y se vio atraído por las recomendaciones de cerrar la economía para asegurar el pleno empleo, probablemente su único objetivo claro. Más aun porque éste coincidía con los del joven secretario de Trabajo que buscaba formar una coalición que incluyera a los representantes de los obreros organizados bajo el control del Estado. Así, no sólo se lograría que las masas no siguieran a los extremistas, sino que el gobierno militar perdurara más allá de su período provisional, ubicando al coronel Perón en la presidencia constitucional.

Al final del conflicto, el mundo vivía las experiencias de los años de entreguerras, testigos de re-

presalias comerciales, devaluaciones compensatorias, restricciones tarifarias y cuantitativas al comercio, flotación de cambios y volatilidad de capitales.
Durante la guerra, las economías de los países beligerantes habían creado restricciones a los movi-
mientos de capitales y al comercio y decidido la intervención del Estado en los mecanismos de precios
y en la mayoría de las actividades económicas. No
se podía creer en una vuelta fácil a la normalidad.
Sin embargo, en 1944, en Bretton Woods los aliados prepararon la transición a una paz distinta de la
de la Primera Guerra Mundial. Los acuerdos internacionales evitaron las devaluaciones compensatorias y las guerras comerciales dieron una mayor estabilidad al sistema financiero y al comercio mundial. Ayudados por otras circunstancias, y aunque
existieron marchas y contramarchas, los países occi-
dentales abandonaron gradualmente las restricciones de guerra y evitaron caer en pasados extremos,
con resultados relativamente exitosos. El mundo no
vivió, en la segunda mitad del siglo, los avatares de
los años de entreguerras.

No pasó lo mismo en la Argentina. Para evitar el
shock de la vuelta a la normalidad se mantuvieron,
por más de cuatro décadas, la mayor parte de las
restricciones y regulaciones del tiempo de la crisis y
la guerra. Mientras el mundo retomaba su cauce, la
Argentina tomaba un camino excéntrico; se aislaba
aun más.

No puede decirse que todas las medidas y los
mecanismos creados a lo largo de la década peronista hayan sido deliberados. Puede sostenerse, en
cambio, que las decisiones iniciales partieron de
una evaluación equivocada de las tendencias futu-

ras. En primer lugar, por una visión pesimista sobre la evolución del comercio mundial basada en la experiencia pasada pero la cual no correspondía a los cambios que tenían lugar en la posguerra. Fueron más irrazonables las respuestas adoptadas. Si debido al proteccionismo la comercialización de productos en los que el país tenía ventajas comparativas era difícil, ello no era una razón para castigarlos aun más y desechar producir en los rubros donde los costos eran menores para hacerlo donde eran mayores. En ese sentido, la reacción de Australia, también exportadora de alimentos, fue distinta en la posguerra. Fue también errado creer que el país tenía un cierto poder negociador frente a las grandes potencias, el que aumentaría en caso de una tercera guerra mundial. No sólo eso no ocurrió, sino que el bilateralismo al que el gobierno se orientó tuvo efectos negativos para la economía.

Asegurar el pleno empleo requería subsidiar las actividades que no obtendrían beneficio en situaciones competitivas. Ello se hizo por medio de medidas arancelarias y restricciones cuantitativas a la importación, pero también bajando los costos locales del trabajo y sobrevaluando el peso para que los alimentos fueran baratos. De ese modo, se aplicó un impuesto implícito a las exportaciones que permitió mantener altos los salarios reales. Por otro lado, se subsidió la formación de capital con créditos a una tasa real de interés negativa. Todo esto pareció posible gracias a la enorme productividad del agro, al que se podía gravar sin afectar su producción —se decía— debido a que la tierra era un recurso fijo cuya oferta era inelástica. Habían olvidado que la tierra pampeana podía tener usos alternativos[1], por lo que frente a precios desfavorables las exportaciones agrícolas sufrieron un largo estancamiento.

Esas políticas conformaron una de las coaliciones más exitosas y prolongadas que se hayan conocido, pero también generaron uno de los conflictos más largos y difíciles.

El gobierno utilizó un conjunto de instrumentos para alcanzar objetivos que fue redefiniendo con el paso del tiempo. Algunos de ellos habían sido experimentados durante la década precedente, varios se profundizaron y algunos otros fueron totalmente nuevos. Como lo señaló Prebisch (Prebisch, 1986), el Estado no es un ente abstracto, ya que en la realidad está representado por funcionarios, hombres concretos, que tienen intereses específicos. Por ello, muchos de los objetivos se fueron redefiniendo para atender los reclamos de los miembros de la coalición gobernante y otros para atemperar las quejas de quienes habían quedado excluidos.

Los mecanismos de cambio fueron cada vez más complejos, a diferencia de la experiencia mundial que tendió a simplificarlos. Se establecieron tipos múltiples: oficial, preferencial y libre para compradores y vendedores. El resultado de las actividades de cada uno dependía así de la circular por la que se le liquidaba el cambio. Para importar, se requería un permiso previo que se otorgaba en atención a las

[1] Al bajar el precio del producto, bajan los ingresos del activo que lo produce y, por ende, se destina a la producción de un rubro de costos más bajos. Esto pasa con el destino de la tierra, ya que si bajan los precios agrícolas puede dedicarse a la ganadería de invernada o finalmente de cría.

prioridades fijadas por el gobierno. Las circulares eran decididas por un organismo administrativo con el grado de discrecionalidad y de corrupción que esto posibilitaba (las importaciones de automotores a los cambios oficiales, prohibida durante años, se negociaba en el mercado negro con pingües ganancias). Por otro lado, el permiso previo de importación no suponía que hubiera divisas disponibles, por lo que muchas veces se acumulaban largas listas que el Banco Central demoraba o denegaba, provocando problemas externos financieros y comerciales.

Se usó la sobrevaluación del peso para mantener bajos los precios de los insumos y evitar así —se pensaba— que subiera el costo de vida. Tras las crisis de 1951 y 1952, para compensar la sobrevaluación del peso con que se liquidaban las exportaciones y mejorar las condiciones de la agricultura, se fijaron precios sostén con los que el IAPI[2] compraba las cosechas. Como ellos eran mayores que los del mercado (el precio externo por el tipo de cambio) hubo un déficit que el gobierno debió pagar al fisco, lo que fue una de las fuentes de la presión inflacionaria. El Estado, que por un lado daba un subsidio, por el otro, por medio del cambio, extraía un impuesto. Ésta fue una de las tantas inconsistencias de esas políticas.

La reforma de la Carta Orgánica del Banco Central modificó la concepción con que el banco había sido fundado y gobernado durante una década, dándole al gobierno el manejo de todo el crédito del país.

[2] Instituto Argentino de Promoción del Intercambio.

La ley dispuso la nacionalización de los depósitos de todas las entidades financieras, las que en adelante los captarían como agentes del Banco Central. Éste, a su vez, otorgaría redescuentos a los bancos privados, cuya capacidad prestable estaba limitada a su capital y a esos redescuentos. Como los bancos privados no podían prestar las sumas que se depositaban y por las que pagaban intereses, el Banco Central los remuneró por ellos, cobrándoles, en cambio, por los redescuentos y compensándolos, además, por sus gastos administrativos. El gobierno reorientaba el crédito de acuerdo con sus preferencias, con la peculiaridad siguiente: durante todo el período fijó una tasa nominal más baja que la de inflación, dando así un subsidio a quienes accedían a los créditos. En ese sentido, como lo anotó hace tiempo Schwartz (1967) y recalcó Gerchunoff (1989), el crédito subsidiado fue un componente de la protección ofrecida por el gobierno a ciertos sectores de la industria.

Con el pretexto de defender a los productores de la avidez de ganancia de las grandes firmas comercializadoras y de los acuerdos de compras de las potencias beligerantes (que mantuvieron deprimidos los precios durante la guerra), se decidió el monopolio del comercio con el exterior que se puso bajo el control de la Corporación de Promoción del Intercambio, convertida en el poderoso IAPI. Éste concentró toda la oferta del país que vendía en el exterior suponiendo que tenía un mayor poder de negociación. Sin embargo, en ningún momento la Argentina estuvo en condiciones de fijar precios durante la posguerra. El IAPI obtuvo beneficios cuando los precios internacionales estaban en alza (ya que pagaba menos a los productores) y sufrió pérdidas cuando éstos bajaban. Esas pérdidas fueron absorbidas por el Banco Central, siendo una de las causas de la inflación.

Para dar una solución al problema del bloqueo de los créditos en libras de los exportadores argentinos, se realizaron negociaciones que culminaron en dos acuerdos mediante los cuales se saldó la deuda de largo plazo con Gran Bretaña y se compraron los activos y pasivos de las compañías ferroviarias británicas. No cabe duda de que uno de los problemas más serios —y probablemente menos estudiados— que tuvo el país fue su salida del área de la libra al final de la Segunda Guerra Mundial.

Cabe preguntarse, conociendo lo que pasó luego con otros países del área de la libra, si fue atinado el apuro con que se concluyeron las negociaciones, ya que aparentemente las condiciones en que posteriormente negociaron los otros países con Gran Bretaña fueron más ventajosas (Schenk, 1994). Por un lado, cabe advertir sobre la poca prudencia de cambiar pasivos de largo plazo por otros de plazos más cortos. Por otro, tras más de una década y media en que no se renovaban vías ni material rodante, era notoria la descapitalización de los ferrocarriles. El Estado reemplazó la no muy eficiente administración británica por una local bastante peor. Ella tuvo que atender intereses diversos, entre los cuales los sindicales tuvieron no poco peso. Se confundieron los objetivos de brindar transporte económico y eficiente con los de proveer empleo, sostener amigos y partidarios y usar las tarifas como un instrumento antiinflacionario, logrando como resultado inevitable el abandono del transporte ferroviario por parte del público, que fue reemplazándolo por el de carretera.

El gobierno compró símbolos de independencia económica y se llenó de una retórica nacionalista a un precio que redundó negativamente en el progreso del país.

Nacionalizó otras compañías extranjeras, como las de teléfono y gas. También continuó anteriores proyectos: Fabricaciones Militares, YPF, o entró en otros nuevos, como la siderurgia, el carbón y el transporte aeronáutico. El Estado se ocupó así directamente de la producción de bienes y servicios. En las empresas del Estado los objetivos de ganancia fueron subordinados a políticas inconsistentes, produciendo mal, a precios y con costos elevados y apelando a la tesorería cada vez que tenía pérdidas.

Los problemas de oferta. El cuello de botella externo. Importaciones. Combustibles

Las industrias seguían necesitando importar combustibles, materias primas y bienes intermedios. Pero la sustitución de bienes de consumo que en un principio ahorró divisas no alcanzó a compensar las necesidades de importar insumos para las industrias. A medida que la actividad industrial crecía subían las importaciones y, como las exportaciones —en su mayoría agropecuarias— no lo hacían al mismo ritmo, se produjeron repetidas crisis en el balance de pagos. Ello provocaba recesiones, con la caída de la producción industrial y el empleo. Para equilibrar el balance de pagos había que promover las exportaciones mejorando los precios del sector agropecuario y para ello se devaluaba; por lo tanto, también aumentaban los precios de los alimentos y caía el salario real. Los sindicatos reclamaban mejoras que los empresarios aceptaban siempre que se hiciera lo mismo con sus precios. Así seguía la espiral inflacionaria.

La provisión de combustibles se fue haciendo cada vez más crítica. El petróleo llegó a representar un tercio del total de las importaciones que fueron indispensables para mantener el ritmo de la producción.

Financiamiento de las políticas. Inflación

La intervención en los mercados produjo cambios en los precios relativos y transferencias de ingresos, especialmente del sector agrícola exportador al urbano industrial (Díaz Alejandro, 1981). Otras políticas tuvieron incidencia en los gastos de la administración y en las empresas del Estado y requirieron el financiamiento de la tesorería o del Banco Central.

¿En qué medida esas necesidades implicaron la creación de dinero y contribuyeron a la inflación? El alza de precios parecía haber empezado durante la previa escasez de oferta y los aumentos de las importaciones, pero, a partir de 1946, tuvo una causa autónoma, que en un comienzo no fue tan evidente, ya que los gastos del gobierno que no fueron cubiertos con ingresos tributarios no se tradujeron inicialmente en creación de dinero. Sin un mercado de capitales en el país, el gobierno, que no tenía acceso al financiamiento externo, tomó ahorros de las cajas de previsión. Los servicios de la seguridad social, que antes cubrían sólo a grupos minoritarios (principalmente a empleados de la administración civil o del comercio), fueron extendidos a amplios sectores de los trabajadores. De inmediato, una gran masa de asalariados comenzó a aportar, mientras que sólo una cantidad menor accedía a sus beneficios. El sistema dejó elevados saldos positivos que se utilizaron para cubrir los déficits. Para compensar los retiros en efectivo se entregaron a las cajas títulos del gobierno a tasas de interés que resultaron inferiores a las de inflación, con lo que en pocos años éstas fueron vaciadas, el sistema se descapitalizó y décadas después no se pudo pagar a quienes habían aportado.

Las empresas del Estado pocas veces produjeron ganancias. Sus pérdidas se originaron en el excesivo número de empleados (ya que fueron una fuente de distribución de favores del gobierno y su partido) y en su mala administración, pero también se debieron al hecho de que el gobierno las obligó a fijar tarifas por debajo de sus costos para evitar su incidencia en el costo de vida.

A veces los déficits fueron financiados directamente por el Banco Central mediante la creación de dinero, como en los casos de las operaciones del IAPI (cuando dieron pérdida) y el financiamiento de la construcción con redescuentos al Banco Hipotecario. En el primero de los casos, se hizo para mejorar los ingresos agropecuarios pagando precios sostén (aunque no compensara la pérdida por el tipo de cambio a que se liquidaban las exportaciones); en el segundo, los redescuentos hipotecarios financiaban la construcción de viviendas, cuando se retiraron las cédulas en 1946.

El financiamiento a tasas inferiores a las del mercado con fondos de los depositantes significó, para éstos, un impuesto. Cuando esos créditos (dados sobre la base de los redescuentos) fueron mayores que los depósitos hubo creación de dinero, que tuvo efectos inflacionarios y, por ende, el impuesto se extendió a todos los tenedores de activos monetarios.

Como dijimos, para hacerse de divisas e incentivar las exportaciones había que mejorar los precios agropecuarios. Pero cuando subían los alimentos bajaban los salarios reales. Por otro lado, aumentar los salarios nominales hubiera reducido el beneficio de los empresarios. En una situación con serias rigideces institucionales todos los precios subían, pero algunos más que otros.

Los incrementos de salarios por encima de la productividad (financiados con créditos concedidos mediante la creación de dinero) incidieron en la inflación, ya que no aumentó la oferta de bienes tanto como la capacidad monetaria de compra.

En el orden financiero, el gobierno del 1946 inició su gestión con una situación particularmente cómoda. No sólo tuvo la posibilidad del financiamiento forzoso de las cajas y el acceso al crédito en el sistema de depósitos nacionalizados, sino que las cargas de la deuda externa —que tanto habían pesado antes— se redujeron sensiblemente al repatriarse éstas. El ahorro acumulado en el período anterior fue un alivio para las finanzas públicas del peronismo. Pero, embarcado en un programa de vastísimos alcances, se encontró con dificultades financieras crecientes y, como ocurre a menudo, le costó más reducir los gastos corrientes, razón por la cual lo hizo con los de inversión. Al concluir la guerra, tras quince años de aislamiento, el país, que había hecho hasta 1930 un esfuerzo enorme de capitalización y contaba con una infraestructura bastante moderna, la tenía casi obsoleta. El país vivió diez años más sin renovar el *stock* de capital, llegando en 1955 a una seria descapitalización en energía, transportes, comunicaciones, etcétera (Prebisch, 1986).

Resumen

El peronismo no sería lo que fue, ni hubiera perdurado medio siglo en la vida del país, si sólo pudiera explicarse por el conjunto de extravagancias y desaciertos que caracterizaron su gestión. Pero, tampoco por la reiterada imagen de haber sido el gobierno que se ocupó más en mejorar la distribución del ingreso en favor de los trabajadores. En realidad tuvo parte de todo eso y fue mucho más como fenómeno enormemente complejo.

Quizá no haya más remedio que definirlo por sus resultados, aunque muchos de ellos no hayan sido necesariamente los buscados. Sus objetivos, no siempre precisos, fueron modificándose en el curso de los años y se adaptaron a las cambiantes circunstancias, lo que quizá sea una buena explicación de su larga duración.

Si bien no estuvo apegado a esquemas ideológicos, no puede decirse que sus decisiones no hayan respondido a un conjunto de ideas generales, y aunque algunas eran compartidas por muchos, otras pertenecían a un pensamiento que encontraba sus

59

raíces en el corporativismo y el nacionalismo. Es cierto que, desde la crisis mundial de 1930, la idea de que el sistema capitalista tenía enormes fallas y que el Estado debía intervenir para resolverlas, sobre todo en ayuda de los más débiles, era bastante generalizada. Antes de la guerra las corrientes antiliberales estaban muy difundidas. No todas las críticas eran coincidentes en las soluciones y mientras algunos propugnaban una alternativa que implicaba, como en la Unión Soviética, la propiedad socializada de los medios de producción u otras variantes menos extremas, otros preferían lo que desde fines del siglo pasado se conocía como socialismo de Estado, alternativa más cercana a las preferencias del grupo gobernante.

Sobre la base de ese conjunto de ideas se tomaron medidas de política y, aunque al principio no todas ellas hayan sido percibidas claramente, hay una que condicionó a las demás. El gobierno militar de 1943 y el coronel Perón quisieron evitar una recesión de posguerra que pudiera desencadenar graves conflictos sociales. Sin apoyos internacionales, vencida Alemania y con un mundo girando hacia la izquierda, se propusieron encauzar las aspiraciones de los trabajadores dentro del marco de un Estado protector y paternalista.

Es cierto que en el curso de los años esas medidas produjeron cambios enormes e incidieron en el sistema de precios relativos y en la distribución del ingreso, favoreciendo a algunos y perjudicando a otros. Aunque, dada la complejidad de los mecanismos, el resultado neto no fue del todo claro, al principio los beneficiados formaron una coalición implícita que se opuso a todo cambio que modificara el *status quo*. El problema no concluyó allí. Todos los sectores quisieron participar del reparto y constituyeron para ello grupos de presión. Los que, por su mayor dificultad en organizarse, quedaron afuera tampoco pudieron ofrecer una alternativa viable. Eso explica por qué una vez instaurado ese nuevo marco institucional fue tan difícil cambiarlo.

No puede decirse que los hombres del gobierno hayan diseñado deliberadamente cada una de las políticas. Algunas se habían implementado en la preguerra y no puede darse tanta importancia al hecho de que se las hubiera experimentado con prudencia y razonable éxito para explicar por qué fueron luego aceptadas con tanta facilidad. Es cierto que tuvieron claros réditos políticos, por lo que al llevárselas a la práctica se fortaleció la misma tendencia. Pero no se trataba solamente de beneficios políticos; otras veces incluían notorias ventajas personales.

El gobierno tomó una intervención activa en los mercados de factores y productos, con controles de cambio y precios, y restricciones al comercio, monopolizando el comercio exterior, regulando el crédito y la tasa de interés. Pero no se limitó a regular los mercados; participó también en la producción de bienes y servicios.

En general, sus políticas favorecieron la creación del empleo urbano y de la industria, aunque más aun a sectores como la construcción; el gobierno y los servicios eran los que menos importaban.

Debe recordarse que en la posguerra no se tuvo acceso a un mercado internacional de capitales. La ausencia de un mercado doméstico, más que la alegada escasez de capitales, pudo deberse a que el gobierno mantuvo tasas de interés por debajo de la inflación y a que no logró colocar los títulos de deuda en los mercados, ya que para ello hubiera debido aceptar paridades coincidentes con los intereses de mercado.

Pero el gobierno tuvo algunas ventajas importantes: por de pronto se benefició con la transferencia del ahorro acumulado durante la guerra por el sector exportador, lo que le permitió cancelar la deuda externa e iniciar su gestión sin un gravamen que había pesado mucho en las décadas anteriores y que volvería a hacerlo después de los setenta.

Resumiremos a continuación cuáles fueron algunos de los medios utilizados para obtener financiamiento:

1. Los impuestos no declarados al trabajo. Se trataba de los fondos del sistema de seguridad social. Al dejar en su lugar títulos a una tasa de interés inferior a la inflación, esos papeles perdieron, a la larga, todo su valor. Lo importante es que los trabajadores no sintieron los efectos en el momento cuando les descontaron los aportes, sino muchos años después, cuando tuvieron que jubilarse. Es decir, lo que se supuso que era un ahorro del trabajador para consumirlo en el futuro fue gastado, en cambio, por el Estado.

2. Los impuestos a las exportaciones, que surgían del diferencial del tipo de cambio que recibían las exportaciones agropecuarias; los *márgenes de cambio*.

3. Un impuesto no declarado a los depósitos. Resultaba de la fijación de una tasa de interés máxima y porque el régimen de control de cam-

bios prohibía la exportación del capital. Los tenedores de activos financieros, aunque no hubiera inflación, recibían una retribución menor a la del mercado, si la tasa local era más baja que la internacional, lo que también era un impuesto no declarado.

4. Finalmente, el impuesto inflacionario, que abarcó a todos los activos monetarios y que incidió especialmente sobre los salarios.

Todos esos gravámenes no fueron votados por el Congreso. Debido a ello se rompió el pacto fiscal de la Constitución de 1853-1860, dando origen a un largo conflicto distributivo y a la pérdida de legitimidad del sistema político.

También existieron transferencias directas entre acreedores y deudores decididas por el Estado. Ése fue el caso del congelamiento de alquileres, que favoreció a los inquilinos y perjudicó no sólo a los propietarios sino también a la generación más joven, que debió comprar viviendas más caras que las que hubiese adquirido de haber existido un mercado de capitales para la construcción.

El establecimiento de barreras de entrada a determinados mercados fue fuente de ganancias extraordinarias (rentas económicas) para los que tuvieron acceso a ellos. Hubo una competencia por obtenerlas, lo que acentuó el carácter corporativo de la sociedad y los conflictos entre los distintos grupos de interés. Esto se vio agravado porque en la Argentina fue casi imposible asegurar en forma permanente la exclusividad para entrar a los mercados (debido a que existía una población educada, con elevadas expectativas y participación generalizada, que advertía lo que estaba pasando y quería también participar en el juego). Los mecanismos que concedían rentas económicas carecieron de legitimidad y no existieron sobre ellas derechos de propiedad. Ello incidió negativamente en la reinversión de las ganancias.

Finalmente, el problema central del peronismo fue que el ineficiente sistema de protección produjo una baja productividad del trabajo. Ello se contradecía con el objetivo de mantener salarios reales altos (base de la alianza gobernante). Las soluciones para ese problema no eran estables. La intervención del Estado en los precios que podía controlar: tipo de cambio, las tarifas y los alquileres (Canitrot, 1975) determinó una estructura de precios relativos insostenibles en el largo plazo. Un tipo de cambio sobrevaluado para las exportaciones condujo al estancamiento de la producción agropecuaria y a repetidas crisis externas; las tarifas de los servicios públicos por debajo de los costos marginales, al creciente déficit del fisco; y la congelación de alquileres, a la baja de un rubro importante de la inversión: las construcciones.

6. En el sube y baja (los tímidos intentos por desregular la economía)

La Revolución Libertadora

No fueron factores económicos los que, en septiembre de 1955, provocaron la caída de Perón. La revolución en la que participaron la Marina y una parte del Ejército, y que contó con amplio apoyo civil, tuvo su origen en la oposición al creciente autoritarismo del gobierno, a su falta de respeto a la división de poderes y a las libertades públicas y, finalmente, a su casi inexplicable conflicto con la Iglesia.

Es cierto que a partir de 1953, tras la severa recesión que había comenzado en 1949, la economía se recuperaba y en 1954 se encontraba en plena expansión. También, que la inflación en los dos últimos años había bajado (Gerchunoff, 1989). Pero la recuperación, debida a una mayor disciplina monetaria y fiscal y al congelamiento de salarios (que había despertado variadas protestas sindicales), no podía mantenerse dentro del esquema que había diseñado el peronismo, ya que cambios de fondo irían a chocar con su sistema de alianzas. Es cierto que éste había abandonado parte de su retórica nacionalista y desde 1953 había alentado las inversiones extranjeras, iniciando gestiones para obtener un crédito del Eximbank (rectificando los dichos de

Perón de que se cortaría las manos antes de firmar un empréstito). También es cierto que, acuciado por las necesidades, terminó negociando con una compañía petrolera norteamericana contratos para la explotación de petróleo que despertaron una airada reacción en la oposición. Si el peronismo hubiera continuado más allá de 1955, probablemente se hubiera encontrado ante la misma disyuntiva que tuvieron los que lo desalojaron del poder. Una vez acabados los años en que "el país era una fiesta", era necesario volver a un mundo de restricciones.

Además, como lo había señalado Prebisch (1986), el país se había consumido el capital y para producir en forma mínimamente eficiente se requerían inversiones en energía, transportes, caminos y comunicaciones.

Después de haber vivido una década experimentando con complejos instrumentos que ocultaban las relaciones reales de la economía —la abundancia o escasez de recursos y las necesidades de la demanda— era difícil volver a criterios de asignación que, en el pasado, se orientaban por el sistema de precios.

Cuando era visible que el sistema de administración de recursos había fracasado, hasta sus más firmes defensores —y entre ellos varios de los que acompañaban al gobierno revolucionario— estuvieron de acuerdo en dejar al mercado un grado de mayor libertad. Pero esto implicaba modificar las posiciones que se habían logrado en el pasado, lo cual perjudicaría a unos y beneficiaría a otros. Ello fue más difícil porque, mientras en los primeros años del peronismo los cambios se habían hecho con un fondo de bonanza económica, esta vez había que repartir las pérdidas y no las ganancias.

El dejar actuar a las fuerzas del mercado para llegar a un equilibrio en los precios relativos no era visto como el resultado de miles de elecciones aisladas de productores y consumidores sino como una decisión del poder administrador (y, efectivamente, lo era, al cambiar la decisión previa de intervenir en los precios).

En un país dividido, donde los que se habían opuesto a Perón apoyaban al gobierno, mientras que muchos todavía lo seguían, los esfuerzos por dejar que la economía actuara en forma más eficiente fueron percibidos como intentos *revanchistas* de los segmentos más privilegiados de la sociedad (lo que en algunos casos fue así). Por ello, tanto los militares como los políticos recomendaron prudencia en las reformas, lo que explica su poco éxito, las marchas y contramarchas que caracterizaron a los años siguientes.

Casi al asumir, el gobierno revolucionario decidió una devaluación que llevó el dólar de 5 a 18 pesos, al tiempo que hizo desaparecer los tipos de cambio múltiples y dejó un mercado libre en donde los particulares podrían comprar y vender divisas (aunque con alguna intervención del Banco Central). En 1956, la Argentina se adhirió al FMI.

Se concluyó con el sistema de depósitos nacionalizados y los bancos pudieron disponer de ellos bajo el régimen de efectivos mínimo fijado por el Banco Central (Arnaudo, 1987). Se concluyó con el monopolio del comercio exterior liquidando el IAPI (como intermediario en todas las ventas al exterior) y el IMIM (Instituto Movilizador de Inversiones Mobiliarias).

Subieron las tarifas de los servicios públicos, que se habían mantenido artificialmente retrasadas. La devaluación y las modificaciones tarifarias provocaron un aumento en los precios que despertó resistencias. Para que la devaluación tuviera el efecto de ayudar al agro —según había recomendado Prebisch— no debía ser seguida por un aumento generalizado de precios, por lo que el gobierno trató de resistir las presiones manifestadas en huelgas de trabajadores que reclamaban aumentos de salarios. Sin embargo, a fines de 1956 no tuvo más remedio que conceder un aumento generalizado (entre 35% y 40%). Mientras tanto el dólar, en el mercado libre, había subido hasta $45.

El sector agrícola, debido a circunstancias climáticas y a la evolución de los precios en los mercados internacionales, no respondió como se esperaba, por lo que la situación externa continuó siendo difícil. En 1957 se firmó un acuerdo con el FMI que obligó a una restricción del gasto y del crédito que provocó gran iliquidez en la plaza. Se concluyó el primer acuerdo multilateral de pagos de posguerra con los países europeos reunidos en el Club de París. El gobierno provisional realizó importantes obras para resolver el problema de la escasez de combustible, tales como la construcción de los gasoductos y oleoductos en Campo Durán.

En 1957 —año en que se reunió una semifrustrada Convención Constituyente que declaró nulas las reformas de 1949 y sólo llegó a votar un agregado al artículo 14°— la inflación alcanzó el 27,9%. El último año del gobierno estuvo influenciado por la convocatoria a elecciones en 1958, en las que triunfó, apoyado por los peronistas, quien había sido la máxima figura de la oposición: el radical Arturo Frondizi.

El gobierno de la revolución que derrocó a Perón produjo cambios en las políticas económicas; algunos importantes, otros más tímidos. Fue una preocupación común el poner orden en las finanzas, evitando el despilfarro, los abusos y los privilegios del *régimen depuesto*, estabilizando la moneda y las cuentas externas, aunque, más allá de esto, los hombres del gobierno no tenían ideas demasiado precisas en materia económica y coexistieron en él grupos con enfoques diversos y contradictorios.

Estabilidad y desarrollo

Para cumplir las promesas preelectorales, el gobierno de Frondizi se inició con un aumento generalizado de salarios del 60% (con relación al de 1957), devolvió a los sindicatos la intervenida CGT y promulgó una ley de convenciones colectivas que continuaron las pautas corporativas del régimen anterior. Sin embargo, pronto mostró una decidida disposición a producir cambios más profundos en los marcos institucionales vigentes, aunque ello le causara conflictos políticos y la pérdida de apoyo entre sus adherentes.

Aunque ellos fueron importantes no afectaron, sin embargo, la concepción que se tenía sobre el papel del Estado en la economía y la apertura del país al comercio internacional.

La administración que se autocalificó de *desarrollista* pensó que las restricciones al crecimiento y los límites a la expansión de las industrias se debían a la incapacidad de generar divisas para importar bienes intermedios y de capital, lo que a su vez tenía su causa en la falta de competitividad de las industrias domésticas y en la incapacidad del agro para llegar a niveles de exportación adecuados a las necesidades de importación de las industrias. Para superar la brecha entre importaciones y exportaciones (el *estrangulamiento* externo) había que profundizar la industrialización y producir en el país bienes intermedios y de capital. Al extender la sustitución desde los bienes de consumo hacia los intermedios y los de capital se solucionarían las recurrentes crisis de pagos externas. Pero profundizar la industrialización requeriría un esfuerzo de capital muy grande, para lo que no se podía contar con el escuálido ahorro local ni tampoco con el ahorro forzoso producido por la inflación, que había dado tan malos resultados durante el peronismo. La originalidad del *desarrollismo* fue su apelación al capital extranjero. De allí vendrían los ahorros para expandir los nuevos sectores. El Estado les aseguraría rentas económicas, tanto en la explotación de los recursos naturales (principalmente petróleo), donde el monopolio estatal había sido ineficiente, como en las provenientes del acceso restringido a un mercado doméstico con una demanda reprimida por más de dos décadas (como fue el caso de los automotores).

Las políticas parecieron orientarse (y en eso algunos vieron la influencia intelectual de Hirshman) hacia una estrategia indirecta. Había que promover actividades que tuvieran eslabonamientos hacia atrás, que en un principio serían provistos por las importaciones pero que, al crear demanda, darían incentivos a los productores locales para dedicarse a satisfacerlas. La industria automotriz era un ejemplo de ello.

Pero para atraer capital extranjero había que ofrecer un marco estable, que requería el equilibrio de las cuentas fiscales y estabilidad monetaria y del tipo de cambio (para que eventuales depreciaciones no incidieran en pérdidas en las remesas de beneficios). El presidente Frondizi, que en los primeros meses de su gestión había anunciado dramáticos cambios en la política de explotación de recursos naturales, concediendo a empresas norteamericanas la explotación de áreas antes reservadas a YPF, firmó en diciembre un acuerdo de estabilización con el FMI. Las medidas tendieron a eliminar controles, liberar precios, reducir el gasto, limitar el crédito y la expansión monetaria y, finalmente, permitir una mayor acción a los mecanismos del mercado. La liberalización no alcanzó a las tasas de interés, que siguieron reguladas por el Banco Central, ni al comercio con el exterior en donde seguían las retenciones y recargos, además de regímenes especiales y restricciones cuantitativas.

Se dejó que el peso flotara, lo que se tradujo en una fuerte devaluación que llevó al dólar por encima de los $80. La comercialización de bienes fue liberada de los controles que quedaban mientras que las tarifas de los servicios públicos aumentaron: un 50% la electricidad, los servicios en general entre un 50% y un 60% y el precio del petróleo subió un 200%.

Se redujo drásticamente el crédito al sector privado, a las viviendas y a las industrias. El aumento de las tarifas públicas y la congelación de remuneraciones y de vacantes en la administración tendían a reducir los gastos y el déficit fiscal. Se cerraron los ramales ferroviarios no redituables. La devaluación y las medidas siguientes produjeron una caída de la demanda y una recesión que se reflejó en la caída de más de un 6% del PBI durante el año 1959 y, al mismo tiempo, un alza considerable de precios.

El peso, que había quedado flotando, había alcanzado los $90 por dólar en mayo y, a partir de allí, se estabilizó en un nivel de $83,25 por dólar durante el resto del año. Las muy duras consecuencias de esas medidas provocaron airadas reacciones y conflictos, como ser huelgas de los trabajadores que terminaron con la aplicación de severas medidas de seguridad (la puesta en vigencia del plan Conintes[3]). Los salarios quedaron librados a la negociación entre empresarios y obreros, con la salvedad de que si los aumentos no estaban cubiertos por mejoras en la productividad el gobierno no daría créditos subsidiados a los empresarios.

Cuando a fines de 1959 llegó a Buenos Aires, la misión del FMI se declaró satisfecha con los avances logrados y recomendó profundizar las medidas fiscales tendientes a reducir el déficit en 1960 y alcanzar un equilibrio en 1961.

Con la entrada al gobierno del ingeniero Alsogaray en los primeros meses de 1960 se acentuaron las medidas tendientes a liberalizar la economía. En cuanto al comercio exterior, se redujeron los recargos a las importaciones de 300% a 150% y fueron eliminados completamente para el caso de importaciones de maquinarias y equipos. En 1960 se resolvió no renovar los convenios bilaterales de comercio que aún quedaban vigentes. Durante todo el año la moneda se mantuvo a $83,25 por dólar. Tras la recesión de casi todo el año 1959, hacia los últi-

[3] Conmoción Interna del Estado.

mos meses había comenzado una recuperación que continuó en 1960 y gran parte de 1961.

Los factores que impulsaron la recuperación fueron, principalmente, la entrada de capitales desde el exterior a los sectores favorecidos de la energía y la industria, y el aumento de importaciones de bienes de capital financiado por proveedores externos. El déficit comercial de 1960 y 1961 fue compensado en la cuenta de capital.

La recuperación 1960-1961 no tuvo una larga duración. Desde el último trimestre de 1961 la producción se estancó y comenzó a declinar en 1962, como resultado de la caída de la inversión bruta fija, que fue mayor en los sectores de bienes durables. Los precios seguían subiendo moderadamente, por lo que se dudaba de la posibilidad de mantener fijo el tipo de cambio, lo que provocó la reversión de la entrada de capitales. En medio de una muy difícil situación política, complicada en marzo de 1962 por el triunfo peronista en la provincia de Buenos Aires, las Fuerzas Armadas depusieron al presidente Frondizi, se cerró el Congreso y, gracias a un rápido movimiento de la Corte Suprema, juró ante ella como titular del Ejecutivo nacional el hasta entonces presidente provisional del Senado, el doctor José María Guido.

Las nuevas autoridades decidieron una devaluación que llevó el dólar a $138,50 (un 66% de aumento). A principios de año, el Fondo había declarado roto el acuerdo con la Argentina, pero el nuevo gobierno inició gestiones que culminaron en uno nuevo. La devaluación agravó los problemas de las empresas que habían comprado bienes de capital a crédito en el exterior con un dólar a $83,25 y tenían que pagarlos a $138,50. Esto llevó a incumplimientos seguidos de cierres de establecimientos y quiebras, intensificando los efectos recesivos de la devaluación y los aumentos que le siguieron. La recesión continuó todo el año y parte de 1963, en medio de un clima institucional de enfrentamiento entre distintas facciones militares (azules y colorados) hasta que el triunfo de una de ellas llevó a una salida electoral. Tras la severa recesión del último trimestre se inició una ligera recuperación que coincidió con la llegada en octubre de 1963 del doctor Arturo Illia por la UCRP (Unión Cívica Radical del Pueblo) a la presidencia de la República, en una elección donde el peronismo fue proscripto y donde el radicalismo, que sólo había obtenido la primera minoría, logró imponer a su candidato gracias a la patriótica decisión del candidato de los partidos demócratas, el ingeniero Olmos, de volcarle sus votos en el Colegio Electoral.

Aunque no se habían producido los cambios suficientes para resolver los problemas más serios de la economía argentina, no todo quedó como estaba. Durante la gestión de Frondizi se realizaron pasos importantes en la modernización de la economía. Se comenzó a superar el permanente déficit energético del país y, tras las sucesivas crisis, se había producido un proceso de capitalización, modernización y concentración en varios sectores industriales (Gerchunoff y Llach, 1975). Había mejorado la situación del agro, aunque ello se notaría algo más tarde en el volumen de exportaciones argentinas. Todo fue, de algún modo, un ajuste necesario para la siguiente década de crecimiento argentino.

7. La década de expansión (1963-1974)

El breve gobierno radical

Aunque el panorama político con que se iniciaba el doctor Illia no era muy promisorio, las perspectivas económicas eran ciertamente mejores. Tras los dos años de recesión comenzaba una fase recuperatoria que, con una elevada proporción de recursos ociosos, permitía implementar políticas expansivas del gasto sin generar presiones inflacionarias.

Tras las gestiones pasadas, con dramáticas variaciones en los tipos de cambio y en los precios, la administración resolvió una alternativa menos rígida: una devaluación gradual y pequeña (*crawling peg*) que evitara sorpresas y, por ende, asaltos especulativos contra el peso, logrando mantener el tipo de cambio cerca de la evolución de la inflación doméstica. En un principio, debido a la difícil situación externa, se prohibieron las importaciones de bienes de capital y se volvió a algunos de los controles anteriores, anulando a la vez los contratos petroleros con compañías extranjeras. El efecto expansivo se inició con la puesta al día de las remuneraciones atrasadas de los empleados públicos. Hubo un aumento moderado del gasto y de la creación de dinero.

Sin embargo, el hecho más notable fue el aumento de la producción y de las exportaciones agrícolas en 1964 y 1965. El producto agropecuario subió un 7,5% en 1964 y un 5,8% en 1965.

Por diversas razones —los mejores precios relativos a partir de 1956, 1959 y 1963, una mejora en los mercados internacionales y tecnologías que lograron importantes incrementos en los rendimientos— por primera vez, desde la crisis de 1930, la Argentina logró superar el techo de mil millones de dólares de exportaciones que se mantenía desde antes de los años treinta. Por otra parte, mientras que la expansión previa a la crisis había permitido la renovación de bienes de capital y la modernización de la industria, la crisis hizo desaparecer a las empresas marginales y había dejado un sector más competitivo (Gerchunoff y Llach, 1975).

Un estilo que quitó dramatismo a la conducción económica permitió una marcha menos accidentada, lo que no ocurrió, en cambio, en el terreno político. Bajo la mirada vigilante de las Fuerzas Armadas, que no confiaban demasiado en el gobierno, la decisión del presidente Illia de dejar el libre acceso a los peronistas a las elecciones llevó a que, ante el triunfo de éstos en las legislativas de 1966, dos años antes de las presidenciales, la Junta de Comandantes en Jefe de las Fuerzas Armadas lo depusiera en una acción ilegal e injustificada que abriría en los años siguientes una etapa terrible.

Orden y estabilidad. Los años de Onganía

Aunque los objetivos de la Revolución Argentina eran de largo plazo y se proponían reformas profundas en la sociedad (así lo afirmaban las actas de la Junta Revolucionaria) no puede decirse que en su primer momento se hayan tenido ideas económicas claras, salvo el obtener los tan ansiados equilibrios externos e internos, evitando la inflación y las recurrentes crisis de pago externas. De un modo simplificado, algunos militares involucrados en el golpe pensaban que los políticos eran incapaces de poner orden en una administración permanentemente jaqueada por los sindicatos y que su profesión los hacía más aptos para ello.

No fue sino hasta que asumió Krieger Vasena cuando se definieron las políticas más importantes. Puede decirse —aunque parezca paradójico— que las implementadas por el nuevo ministro y su subsecretario Folcini, que venía del CONADE (Consejo Nacional de Desarrollo), estuvieron de algún modo influenciadas por las recomendaciones que venía haciendo a la administración radical el grupo asesor del Harvard Institute for International Development.

En realidad, el objetivo del gobierno de Onganía era estabilizar la economía sin restringir la demanda, de modo de evitar los efectos recesivos de los planes de estabilización anteriores y, a partir de allí, producir un proceso de expansión económica sobre la base de la estabilidad, condición de un acuerdo social entre los diferentes sectores de la sociedad, lo cual en el largo plazo permitiría volver al funcionamiento de las instituciones políticas electivas.

El programa, como fue contado después por Maynard (1989), establecía que el gobierno fijaría pautas (Onganía no dudaba que se respetarían al pie de la letra) por las cuales el crecimiento del dinero fuera menor que el del crédito bancario y el de los salarios menor que el de la inflación. Esto suponía controlar precios y salarios, lo que se conseguiría en parte gracias al poder militar y a la poco oculta adhesión de los sindicatos. Así se congelaron —tras un aumento inicial— las remuneraciones hasta fines de 1968 y se llegó a un acuerdo de precios con las empresas más importantes que, por ello, tuvieron acceso a créditos subsidiados. Como el crédito debía subir más que la oferta de dinero, el gobierno tenía que obtener financiamiento genuino.

Se decidió una devaluación parcialmente compensada que llevó el peso de $225 por dólar a $350, al que luego se le quitaron, por primera vez en este siglo, dos ceros, quedando la nueva unidad monetaria a $3,50 ley 18.188 por cada dólar. La devaluación se compensó parcialmente con retenciones a las exportaciones (por lo que sólo recibieron una parte de las ganancias de la devaluación) y reembolsos a las importaciones, con lo que el efecto protectivo fue menor.

Las retenciones a las exportaciones tuvieron un efecto favorable en la recaudación fiscal, cuya mejora fue ayudada por una más ordenada y eficiente administración de la cobranza de impuestos en la Dirección General Impositiva.

Pero las retenciones fueron negativas para el sector ganadero, que pasaba por un período de bajos precios; ello impulsó la liquidación del *stock* y tuvo un efecto adicional en la baja de los precios de la carne, que compensaron los aumentos en algunos otros rubros y fue un factor no despreciable en la caída inicial de la inflación durante los años 1967 y 1968. El plan Krieger Vasena fue más exitoso en este aspecto, ya que logró bajar la inflación a un 7,6% anual en el año 1969, algo no alcanzado antes.

En un clima de estabilidad se produjo una importante entrada de capitales. En los años sesenta existió un marco internacional más favorable para el acceso a fuentes internacionales de capital público (Banco Mundial, Banco Interamericano) que financiaron obras públicas de magnitud. En esos programas se inscribieron proyectos como los de El Chocón, Salto Grande, Zárate-Brazo Largo, etc. En algunos casos, la emisión de deuda en el exterior ayudó a la expansión monetaria y al equilibrio fiscal.

La fuerte expansión se basó en el aumento del gasto y de la inversión pública.

Si bien en un comienzo se bajaron las tasas de interés nominales, como la inflación cayó aun más, se produjo, por primera vez desde la posguerra, una situación que desconcertó a los empresarios que tuvieron que sufrir el peso de los intereses reales positivos.

Hacia 1970, en el cuarto año de administración, el respiro del plan antiinflacionario estaba agotado. Una continuada —aunque moderada— suba de precios había obligado a eliminar gradualmente las retenciones, restando una fuente de fondos para el fisco. Por otro lado, las empresas habituadas a elevados endeudamientos mientras tuvieron intereses reales negativos sufrían las consecuencias de las tasas reales positivas.

Esa tendencia se revirtió con una suba de los precios internacionales de la carne. Ante esa situación y la rigidez de la oferta, tras un período de liquidación, se produjo un alza de precios, acentuada por un nuevo ciclo de retención de vientres. Dados los mecanismos de propagación y convalidación existentes, la inflación se generalizó.

En medio de un enfrentamiento cada vez mayor de los militares con el presidente Onganía, un nuevo elemento se incorporaría a la vida del país para acompañarlo por casi dos décadas: el terror. Una banda terrorista, cuyo nombre adquiriría trágicas resonancias en los años siguientes, asesinó al ex presidente Aramburu, una figura que había adquirido predicamento y respeto al entregar el poder en 1958 a un presidente constitucional. Después del atentado, un gobierno que se había autojustificado por la necesidad de imponer el orden se encontraba con su autoridad minada y, por ello, prácticamente concluido. El presidente de facto Onganía, que había sido llevado al poder por una Junta Militar, fue desalojado por otra una opaca noche del 8 de junio de 1970.

Aunque habían vuelto la inflación y los males endémicos de la sociedad argentina, cuando concluyó este gobierno prácticamente también terminó uno de los períodos más largos de continuado crecimiento económico que había comenzado con la gestión de Illia en 1963 y que se extendió hasta 1974 con un promedio del 5,4% anual.

8. El largo período de estancamiento y declinación (1973-1989)

La vuelta del peronismo

La vuelta del peronismo al gobierno en 1973, tras dieciocho años de proscripción, encontró al país en una situación muy diferente de la del final de la Segunda Guerra Mundial. No sólo era distinto; era más complejo y estaba más dividido. Era también menos rico. No tenía los enormes créditos en el exterior ni una demanda reprimida por el aislamiento de la guerra. Su sector exportador había sufrido un prolongado estancamiento y el industrial, que en ese entonces prometía ser una alternativa, había mostrado dificultades para adecuarse a los mercados competitivos. Un fenómeno que un joven oficial de tropas de montaña (Perón) había aceptado con no demasiada aprehensión, la inflación, se había establecido en forma permanente, mostrando no sólo sus características negativas sino también que era muy poco controlable. El panorama político no era más claro. A Perón, que en la oposición había jaqueado a los gobiernos, primero con los sindicatos y luego con su ala política radicalizada y violenta, no se le ocultaba que una vez en el gobierno tenía que sacársela de encima. El hecho era que el intrincado ajedrez que jugó en el exilio tuvo consecuencias aterradoras en el ejercicio del poder.

Tras el fracaso del programa de Krieger Vasena la inflación había vuelto con características más agudas. Se había dado otro salto en el rango inflacionario y en 1972 la tasa anual había superado el 60%.

La inflación convertida en un mal endémico y las crisis periódicas del balance de pagos fueron problemas que el nuevo gobierno debía encarar para posibilitar un razonable crecimiento.

Sus integrantes pensaban que la inflación era producto de un conflicto sectorial que involucraba a asalariados, empresarios industriales y agropecuarios, y que los fracasos en eliminarla se debían a que ningún gobierno, civil o militar posterior a Perón, había tenido suficiente legitimidad y poder político para arbitrar entre los diversos intereses. Sólo Perón, gracias a su gran carisma y al apoyo de los sindicatos —sostenían—, podía poner fin al círculo vicioso que había corroído la economía argentina. Para ello contaba, además, con el apoyo de dos organizaciones corporativas importantes, la CGT y la CGE (a las que luego se uniría la Unión Industrial Argentina). Esas entidades suscribieron en mayo de 1973 el acta de concertación nacional que estableció los compromisos entre los distintos sectores.

El pacto social

Una vez realizados ciertos ajustes, se dispuso el congelamiento de precios y salarios por un período de dos años, medida que, sin embargo, debió de ser revisada el 27 de marzo de 1974, al cabo de diez meses. Los empresarios, ante la posibilidad del triunfo del peronismo, habían adelantado sus precios, por lo que se trató de adecuar los salarios, que tuvieron un aumento promedio de un 16,6% en términos reales respecto del nivel de 1969 (Domenech, 1986), mientras que en mayo de 1975 se decidió volver al régimen de convenciones colectivas (suspendido desde 1966). Inicialmente el programa tuvo éxito, al morigerar las expectativas (fundadas en el fuerte poder de Perón para controlar los indomables sindicatos). Se dio el caso inédito de que el primer mes algunos precios bajaron, en tanto sólo subieron un 4% entre julio y diciembre con relación al elevadísimo 60% anual del año anterior. El peso, que se cotizaba a $12,50 por dólar en mayo, bajó a $10 por dólar y se mantuvo estable durante el resto del año.

Mejoró el precio de las exportaciones y se contó con una excelente cosecha, lo que resultó en el aumento de un 68% de las exportaciones respecto del año anterior.

El acuerdo había establecido la baja nominal de la tasa de interés respondiendo a una política de crédito barato. Lo paradójico es que la caída de la inflación (como había pasado en 1967-1969) provocó una inversión en la tendencia negativa de las tasas reales, las cuales de -27% en 1972 subieron hasta -17% en 1973, produciendo tensiones en el sector empresarial.

En el año 1973 el producto creció un 5,4%. El gobierno nada hacía, sin embargo, en el frente fiscal, ni le preocupaba la expansión monetaria (Di Tella, 1989). El déficit había subido de un 3,7% del PBI en 1972 al 7,6% en 1973. Los adelantos al gobierno habían sido una fuente importante de creación de dinero. Durante los cinco primeros meses de 1973 el déficit de tesorería fue igual a la mitad de los gastos, mientras que la oferta de dinero, M1, creció en abril a una tasa anual de 119%. Ésta fue mayor que la tasa anual de crecimiento del primer trimestre (109%), la cual era a su vez mayor que el 64,3% del período abril 1972-abril 1973 y era a su vez mayor que el 30,8% del promedio anual del período abril 1968-abril 1973. Como se ve, la estabilidad se desbarrancaba día a día.

La situación inicial favorable comenzó a complicarse hacia fin de año con reclamos de aumentos por empresarios y sindicatos. Un hecho externo, la suba del precio de las importaciones, hizo más difícil la congelación. Los empresarios que usaban componentes importados reclamaron que se les permitiera subir sus precios bajo la amenaza de dejar de producir. El gobierno se vio obligado a subsidiar el tipo de cambio de importación, por lo que, al vender divisas más baratas que las compradas a los exportadores, tuvo pérdidas que absorbió el Banco Central. Empezaron a faltar mercaderías, pagadas a precios mayores que los oficiales. Lentamente se legalizaban los aumentos. Ello hizo que en marzo de 1974 la CGT pidiera un reajuste en los salarios, que fue concedido.

Durante los meses siguientes la economía se recalentó. En el primer trimestre los precios subieron un 10,4%. Se había revertido la situación externa, cada vez más desfavorable. Los precios de las importaciones subieron un 30%. El déficit fiscal también: los ingresos bajaron en términos reales y las expectativas inflacionarias aumentaron. La inflación, que había sido del 8% en los últimos meses de 1973, pasó al 40% en 1974. Por ello, la tasa real de interés volvió a ser negativa: un -9,4% en la primera mitad de 1974 y -17,5% en la segunda. En julio de 1974 moría el general Perón y lo sucedía la vicepresidenta María Estela (Isabel) Martínez de Perón.

Gelbard, un empresario de la CGE que había comenzado con Héctor Cámpora, siguió en el gabinete hasta septiembre de ese año en medio de una situación cada vez más difícil, en la cual se había generalizado el desabastecimiento, el mercado negro y la violación del acta de concertación. En septiembre asumió como ministro Gómez Morales, que tenía como antecedentes un reconocido prestigio profesional y el haber conducido la economía en los años duros de la recesión de 1951-1952. La administración no tuvo más remedio que flexibilizar los precios.

En febrero de 1975 el peso se devaluó un 50%, pasando de 10 a 15 pesos por dólar. En marzo se autorizaron nuevos aumentos de salarios. En mayo debían volver a discutirse los convenios colectivos y ya habían empezado las presiones de los sindicatos. En medio de ese proceso se produjo un vuelco político. La presidenta, bajo la influencia del ministro de Bienestar Social, José López Rega, designó en la cartera de Economía a Celestino Rodrigo, quien trató de implementar un programa ortodoxo contra la inflación. Se devaluó el peso un 100%, pasando de $15 a $30 por dólar. Debe recordarse que era la segunda devaluación del año que había empezado con un dólar a $10. Para reducir el déficit se elevaron las tarifas de los servicios públicos y de los combustibles en más de un 100%.

Por entonces ya habían comenzado las negociaciones salariales con una pauta de aumento del 40%. Frente a los cambios en las tarifas, los sindicatos reaccionaron airadamente, se enfrentaron a la presidenta y, aliados con la oposición y los militares, lograron desalojar a quien era virtual primer ministro, López Rega, quien arrastró en su caída a Rodrigo y al breve y traumático experimento antiinflacionario que concluyó, como otras veces, con un resultado opuesto al buscado (salvo que esta vez el salto de los precios fue monumental).

Los convenios se firmaron con un aumento de entre un 60/80% y un 200% (un promedio de 160%). En julio los precios subieron un 35% y la Argentina entró en una etapa nueva y más difícil. La inflación, a partir de entonces, saltó a los tres dígitos y no bajaría de allí —salvo por excepcionales y breves períodos— en los años siguientes.

Las políticas pretendieron resolver una inflación de costos y expectativas pero dejaron de lado los aspectos fiscales y monetarios. De hecho, mediante el acuerdo (basado en la capacidad de presión del poder político) se buscaba establecer una estructura de precios relativos que se pensaba debía ser razonablemente equitativa y perdurable en el tiempo. Los precios y salarios, tras los ajustes, quedaban congelados por un período de dos años. Ello no tenía en cuenta que, en la realidad, una cosa es que el nivel general de precios sea estable y otra que las condiciones cambiantes de la oferta y la demanda no se reflejen en cambios en los precios relativos; por esta razón no se podría evitar que se produjeran reacondicionamientos como resultado de las cambiantes condiciones de los mercados y de la disponibilidad de los recursos.

En un régimen de precios administrados, resultó un obstáculo insalvable distinguir en qué medida los aumentos eran resultado de los cambios en la oferta o la demanda, o de las presiones o anticipaciones inflacionarias. ¿Cómo se llegaba en un mundo de miles de precios a evitar que los aumentos autorizados a unos no se extendieran a los demás, generalizando la inflación?

Por otro lado, al congelarse en mayo de 1973 la estructura de precios, algunos habían logrado adelantarse y otros no; en tanto los primeros generaban fuertes ganancias, los otros reclamaban por sus pérdidas.

Aunque los sindicatos tenían expectativas mayores, aceptaron a regañadientes el moderado aumento salarial mientras los empresarios, preocupados por el rebrote inflacionario de 1972 pero mucho más por las alternativas extremas que podía seguir el peronismo, pensaron que la opción Gelbard era razonablemente aceptable, ya que tenía detrás a Perón, el único capaz de disciplinar a las fuerzas extremas que él mismo había desatado.

El desarrollo de lo que se llamó el Plan Trienal tuvo lugar en un marco político crecientemente conflictivo, en el que se enfrentaron las dos alas radicalizadas del peronismo: la extrema izquierda, con la violencia de los Montoneros, y la extrema derecha, con la no menos violenta Triple A (Alianza Anticomunista Argentina).

Como resultado del crecimiento deliberado del sector público, sus gastos excedieron el 40% del PBI por primera vez en la historia y el déficit fiscal llegó al 14,5% del PBI en 1975. Las recaudaciones fiscales de 1975 y 1976 fueron extraordinariamente bajas

(16,4% y 18,46% del PBI, respectivamente). (Schenone, 1991.) Los salarios reales del sector público alcanzaron su punto máximo en 1974 y 1975 y excedieron en casi 25% a los del sector privado.

El proceso militar

Los últimos meses de la administración peronista desembocaron en una enorme aceleración de la inflación que en marzo de 1975 llegó al 30% mensual, en un déficit fiscal que alcanzó ese año un 16,2% del PBI, en el agotamiento casi total de las reservas (quedaban 700 millones, de los cuales sólo 20 millones estaban disponibles) y en una caótica situación política, no sólo agravada por los terrorismos de distintos signos sino también por la preanunciada decisión militar de tomar el poder, lo que efectivamente se hizo el 24 de marzo de 1976.

Esta vez se trató de una decisión de la cúpula de las Fuerzas Armadas por la que el Ejército, la Marina y la Aeronáutica compartirían el poder directamente y por partes iguales, sin limitación de tiempo ni condicionamientos constitucionales. Se disolvieron el Congreso, los partidos políticos y la CGT.

Aunque la mayoría del gabinete estaba integrada por oficiales en actividad, la que se consideró una cartera técnica, Economía, se reservó a un civil, José Alfredo Martínez de Hoz, una figura moderada y de prestigio dentro y fuera del país, con un conocido ascendiente entre los empresarios.

Al asumir, el ministro anunció un conjunto de medidas con el objetivo —otra vez— de reducir la inflación, superar las graves dificultades del balance de pagos y permitir un crecimiento en el largo plazo.

Se devaluó el peso para incentivar a los productores agrícolas a sembrar y obtener excedentes exportables y así aliviar la situación externa. Se liberaron los precios, controlados por la administración anterior. La suba resultante fue considerada así un simple sinceramiento. Para que la devaluación fuera real se congelaron los salarios, que en los últimos meses de la puja distributiva habían aumentado.

El programa —como otros en el pasado— tuvo inicialmente un resonante éxito. A fin de 1976 la inflación había bajado al 6,7% mensual. Gracias al congelamiento de salarios de la administración pública y al efecto (Olivera-Tanzi) de la caída de la inflación, el déficit fiscal bajó del 14% al 4%. Las exportaciones aumentaron, se revirtió el signo del balance de pagos y las reservas subieron hasta 2 mil millones de dólares. El PBI, que se había estancado en 1976, creció 6,4% en 1977 y la inflación cayó de 444% en 1976 al 176% en 1977.

De todos modos, hacia fin de año se había advertido que la inflación no era demasiado dócil. No sólo no bajaba, sino que en el último trimestre había aumentado. En el primer trimestre de 1977 esa tendencia continuó y los militares y el ministro se preguntaron qué pasaba, ya que los sindicatos no presionaban, los salarios estaban congelados y el tipo de cambio estable. ¿Por qué los precios seguían subiendo?

Se hicieron llamados a la responsabilidad empresaria. Al advertir la escasa competitividad del sector manufacturero y sospechando conductas colusorias se concluyó en la necesidad de abrir la economía y permitir la competencia desde afuera. Hasta entonces sólo se habían eliminado los impuestos a las exportaciones pero seguían existiendo restricciones a las importaciones y aranceles elevados. En ese contexto se inscribieron los primeros programas de reducción arancelaria. En marzo se decidió un aumento salarial para compensar el alza de precios y una tregua por 120 días.

En junio de 1977 se aprobó la ley de entidades financieras cuya reforma más importante consistió en permitir la libre contratación de las tasas de interés.

Aunque la inflación siguió en un nivel del 150% anual, 1977 fue un año de recuperación del crecimiento. En 1978 se flexibilizaron los salarios y se dejó flotar el tipo de cambio. Para controlar la rebelde inflación se aplicó una política de crédito restrictiva. El alza nominal de las tasas llevó a una caída del producto. En diciembre se anunció un nuevo programa antiinflacionario con una devaluación preanunciada, que tendería a la convergencia de los precios con los internacionales, en un período que llegaría primero a agosto de 1979 y luego hasta febrero de 1981.

La ley de entidades financieras

Esta ley resultó de la necesidad de modificar la Carta Orgánica del Banco Central para concluir con el régimen de nacionalización de los depósitos e incluyó innovaciones de importancia. La más trascendental fue la liberación de las tasas de interés que habían estado controladas desde la Segunda

Guerra Mundial, y que fueron fijadas –salvo breves excepciones– a una tasa permanente negativa en relación con la inflación. Ello había favorecido a los deudores del sistema financiero (entre ellos al gobierno) pero fue un impedimento para la formación de un mercado de deuda para los títulos públicos (motivo por el cual durante mucho tiempo se los había colocado en las cajas de previsión). Incluyó la garantía de la nación a los depósitos en entidades financieras, algo no novedoso, ya que se remontaba a la Segunda Guerra Mundial. Por último, creó la Cuenta de Regulación Monetaria, instrumento que necesitaba –se dijo– una economía crónicamente inflacionaria. Por ella, el Banco Central cobraba un cargo a los bancos por los depósitos a la vista (con capacidad prestable) y remuneraba las reservas (que no percibían intereses) de los depósitos a plazo en los bancos y entidades financieras. Lo que parecía equitativo y extendía el dominio a las cuentas corrientes tuvo el inconveniente de que, con expectativas inflacionarias y tasas liberadas, menos gente dejaba sus fondos en éstas y un número mayor los trasladaba a depósitos a plazo, donde por entonces percibían intereses por arriba de la inflación. La cuenta de regulación monetaria se convirtió en una fuente de déficit cuasi fiscal y de creación de dinero por parte del Banco Central.

El programa monetario de diciembre de 1978. La tablita

La apelación a la responsabilidad empresaria no había obtenido resultados favorables en un medio con resistencias oligopólicas que hacían indomable la inflación. Por ello, el gobierno intentó un nuevo camino, esta vez por carriles más ortodoxos, en el que influyó la reciente experiencia chilena (Sjaastad, 1989).

El programa quiso lograr la convergencia de los precios domésticos con los internacionales. Para ello se buscó eliminar la incertidumbre acerca de la evolución del cambio, anunciando una pauta decreciente de devaluación por un período prolongado, que debía arrastrar a una declinante evolución de la inflación local.

Se partía del supuesto de que si todos los bienes tuvieran que competir internacionalmente los precios domésticos serían iguales a los internacionales multiplicados por el tipo de cambio. Si se eliminaba la incertidumbre sobre el cambio y las devaluaciones se preanunciaban y pautaban en forma decreciente hasta llegar a la paridad, los precios terminarían convergiendo con los internacionales.

No se ocultaba que eso no pasaría de inmediato con los bienes que no competían con los extranjeros, los no transables. Sin embargo, en ese caso, se sustituirían los bienes domésticos no transables más caros por transables más baratos. Un exceso de oferta en los no transables concluiría empujando a la baja de sus precios.

Como llegar al equilibrio entre los dos mercados implicaba una recesión en el sector de los bienes domésticos (y los militares no permitían algo que podría afectar la tranquilidad social), se pensó evitarla pautando previamente la tasa de devaluación, y se anunció tal medida para que el público pudiera adaptar sus expectativas y así permitir un ajuste

92

rápido que hiciera innecesarios un excedente de oferta y la consecuente recesión para lograr la convergencia de los precios (Sjaastad, 1989).

Aunque la inflación empezó a bajar, lo hizo con retraso respecto de la pauta de devaluación, lo que llevó a muchos a señalar que se estaba produciendo una sobrevaluación de la moneda local. Hubo un intenso debate sobre ello; Rodríguez y Sjaastad sostuvieron que no hubo dicha sobrevaluación en 1978, pero aceptaron que ya la había en 1979.

El déficit fiscal y el endeudamiento externo

En gran parte, el fracaso del programa se produjo por el modo en que el gobierno financió el déficit. Se emitió deuda local a tasas que debieron ser competitivas en un mercado donde los intereses se habían liberado. Los particulares se endeudaban en el exterior y con esos fondos compraban bonos del gobierno. Si la tasa de interés local, menos la tasa de devaluación pautada, era mayor que el interés que se pagaba por obtener préstamos en el exterior, la operación daba ganancias. Siempre existía el riesgo de la devaluación, aunque éste era muy improbable al comienzo si bien se hacía cada vez mayor (lo que se reflejaba en las crecientes tasas) a medida que se acercaba el período final de la pauta de devaluación decreciente llamada la *tablita*. Mientras que en un principio esto contribuyó a un aumento de reservas, por otro lado se produjo un aumento considerable de la deuda externa, lo que hizo poco creíble el mantenimiento de la pauta cambiaria.

Lo peculiar era que los préstamos obtenidos por los argentinos en el exterior para comprar deuda local tenían como garantía activos suyos en las entidades financieras externas. Pero si para pagar las obligaciones se debían hacer remesas de dinero al exterior, no pasaba así con los intereses de los créditos, que quedaban afuera.

Una política fiscal inconsistente y una emisión que se basó, en parte, en el ingreso de divisas obtenidas mediante el endeudamiento contraído en el extranjero (y, en el caso de deuda privada, utilizada para comprar deuda interna del gobierno) generaron muy poca credibilidad y fueron un factor negativo para llegar a la convergencia. El gasto público no sólo no bajó del 40% del PBI que había alcanzado en 1973-1976, sino que siguió aumentando hasta llegar a 53% del PBI en 1981. A principios de la década de los ochenta, como la recaudación subió más rápido, el déficit fiscal se redujo hasta volver a los niveles de aproximadamente 4% del PBI (similares a los que había alcanzado en 1970-1973). (CEPAL, 1990.)

El otro problema estuvo relacionado con la muy limitada apertura comercial, que mantuvo rigideces que no permitieron un flujo fluido entre los mercados domésticos y externos.

Tanto el déficit fiscal como el hecho de no haberse implementado una apertura comercial paralela a la financiera fueron los factores principales del fracaso del programa. Las circunstancias políticas en las que hubo un cambio de presidente y de ministros y un prolongado silencio sobre la voluntad de continuar con los objetivos fijados no dejaron de ser importantes. Debe reconocerse que hacia fines de 1980 la inflación, que en enero de 1978 estaba en un 150% anual, había bajado a un 40%.

El disparo de las tasas de interés

La liberación de las tasas llevó a un endeudamiento creciente de las empresas, habituadas en el pasado a contar con tasas negativas, ya que con la inflación sus pasivos se licuaban, por lo que no tenían problemas de solvencia.

Esto hizo que muchas no pagaran sus deudas a los bancos y que éstos dejaran acumular intereses sobre los créditos impagos esperando algún salvamiento del gobierno. Al mismo tiempo, para poder seguir pagando a sus depositantes, trataban de captar más depósitos subiendo las tasas de interés, lo que empujaba hacia arriba los intereses y tornaba más explosiva la situación. Pero el público se dejaba atraer por entidades dudosas sólo porque existía la garantía de los depósitos por la nación. Si éstas no los fueran a pagar, como efectivamente ocurrió en sonados casos en el año 1981 (Banco de Intercambio Regional), lo haría el Banco Central. El pago a los depositantes de entidades que fueron liquidadas produjo una enorme emisión, cuyo costo recayó en todos los tenedores de dinero.

La restauración constitucional

El fracaso del programa de estabilización de 1981 provocó una serie de devaluaciones, las que al procurar adelantarse a los precios fueron cada vez mayores. Hubo una carrera de incrementos inéditos en los tipos de cambio y los precios. La inflación fue de 105% en 1981, 168% en 1982 y 344% en 1983, con caídas del PBI de 6,2% y 6,1% y una recuperación del 3,1%, respectivamente, para volver a un PBI menor que el de 1974.

No sólo los problemas económicos sino los políticos, tensas si no traumáticas sucesiones presidenciales y la guerra de las Malvinas hicieron más grave un panorama originalmente complicado por la falta de legitimidad. En el terreno económico breves intentos como los de Alemann para reencauzar la economía por cauces no inflacionarios y más eficientes fueron frustrados por las necesidades políticas, y en la fase final del régimen militar se subordinaron a preparar lo que se pensó sería una salida militar menos desordenada y que, en cambio, terminó siendo bastante más caótica.

Cada uno de los intentos de estabilización frustrados no sólo dejaba una inflación mayor sino desequilibrios más serios. Acuciados por las crisis, se tomaban medidas que dejaban comprometido el futuro. Durante el período de la devaluación pautada (la *tablita*) se habían incrementado la deuda pública y la privada. La primera, con un mecanismo de financiamiento al gobierno (y a las empresas públicas); la segunda, por diversos mecanismos que acentuaron la fuga de capitales que se venía registrando desde 1975.

Se trataba de un complejo proceso de envíos de ahorros al exterior (fuga de capitales) para evitar los efectos confiscatorios de la depreciación. Como en su momento lo destacó Carlos Rodríguez (1987), en tanto los particulares se endeudaban fuera del país debiendo pagar intereses por sus deudas, no declaraban, en cambio, sus activos en el exterior (que eran la garantía de las deudas que habían contraído), los que, a su vez, producían intereses que no ingresaban al país. Así, mientras que en la cuenta corriente se registraban los pagos por intereses en el exterior, no aparecían en cambio los ingresos, generándose el explosivo problema de la deuda externa (que en gran parte era de argentinos).

Por último, debido al *shock* devaluatorio de 1981, el Estado asumió ante los acreedores externos una gran parte de la deuda privada reemplazándola con obligaciones de los deudores en pesos que, al ajustarse por una tasa más baja que la inflación, resultó ser un subsidio a los deudores. Como esas obligaciones se habían contraído en el extranjero con contrapartidas de activos externos, el valor de sus pasivos disminuyó respecto del de sus activos, lo que importó una enorme transferencia de ingresos de los contribuyentes hacia quienes eran deudores en el exterior.

Todo ello generó un clima general de desconfianza y resentimiento, al cuestionarse la legitimidad del sistema tributario (evasión generalizada) y por ende del régimen político.

Con tasas reales positivas por un período prolongado (resultado de la esperanza del salvamiento de una devaluación) se habían acumulado pasivos públicos y privados enormes. Por ello, en julio y agosto de 1982 se resolvió comprar la deuda pública indexada VAVIS (Valores Nacionales Ajustados) y cédulas hipotecarias que se ajustaban con un retraso de dos meses mediante una emisión de dinero. Esto produjo un salto inflacionario de importancia y redujo el peso real de la deuda interna. Ello fue aprovechado por los deudores del sector financiero, quienes, al pagar con una tasa regulada más baja que la inflación, vieron licuados sus pasivos en un 25% (De Pablo, 1989).

En la parte final del período militar se aumentaron los salarios y se trató de recuperar, al menos parcialmente, el atraso tarifario.

De todos modos, cuando asumió el doctor Alfonsín la situación era extremadamente seria. La inflación, en el segundo trimestre de 1982, llegaba al 220% anual. La brecha entre el dólar oficial y el paralelo era del 78%.

La salida del gobierno militar en 1983 no fue menos caótica que la que había tenido lugar diez años atrás.

Los comienzos del gobierno de Alfonsín

Aunque el panorama económico era extremadamente difícil, la victoria electoral no sólo abría un nuevo período constitucional sino que le daba al gobierno un amplio margen de credibilidad, ya que su triunfo no había sido discutido, hecho que no pasaba en la Argentina desde 1928.

Esa confianza se manifestó en la reducción inicial de la brecha entre el dólar paralelo y el oficial, que bajó del 65% al 53% el primer día del nuevo gobierno y al 4% quince días después.

Un exceso de optimismo en las respuestas favorables del exterior y una evaluación equivocada que hizo pensar en reiterar los métodos de la administración Illia —cuando las condiciones del mundo y del país eran diferentes— llevaron al gobierno a desperdiciar el margen de confianza con que se iniciaba y que le habría permitido encarar reformas de mayor aliento.

98

Tras un alza real de salarios y otra leve de las tarifas, se procedió a fijar una pauta gradual y decreciente de aumento de precios, tarifas, salarios y tipo de cambios. Se inició una ligera recuperación, reflejada en una suba del 2,9% del PBI a fines de 1983. Sin embargo, la inflación había superado el 400% anual (IPC) y la Tesorería sólo cubría sus erogaciones con un 17,7% de recursos genuinos. El déficit fiscal casi llegó al 8% del PBI y la inflación superó del 600% en 1984.

Entre una cantidad no poco considerable de problemas, el gobierno debía afrontar pagos enormes por una deuda externa en parte propia y en otra asumida al sustituir a los deudores privados. Ello requería no sólo contar con saldos comerciales favorables (ya que se necesitaban divisas y se había cortado el acceso al crédito externo) sino también con superávit fiscal para comprar a los exportadores sus créditos en el exterior. Mientras que las fuertes devaluaciones produjeron la caída de las importaciones, lo que dejó saldos comerciales elevados, no pasó lo mismo con los recursos fiscales, no sólo porque una parte muy considerable del ahorro se mantuvo en el exterior sino porque dentro del país se generalizaba la evasión, ampliándose el número de quienes entraban en la economía informal.

Por otro lado, el tan usado recurso del impuesto inflacionario rendía cada vez menos, ya que el público, que había sufrido la pérdida del valor real de sus tenencias monetarias, utilizaba cada vez menos la moneda doméstica. No sólo se usaba el dólar para guardar ahorros sino, cada vez más, en las transacciones corrientes. A medida que los saldos monetarios reales eran menores, la tasa inflacionaria tenía que aumentar para obtener la misma recaudación. Como —por las mismas razones— se tenían menos saldos en activos monetarios que no pagaban interés —circulante y cuentas corrientes—, el Banco Central subió los encajes (las reservas que los bancos debían mantener en el Central) para quedarse con una parte de los depósitos a interés de la banca privada, a la que por ello debió remunerar. Mientras en el corto plazo se hacía de fondos, también aumentaba su deuda (cuasi fiscal) por los intereses que debía pagar a los depositantes, intereses que a medida que subía la inflación debían ser más altos para poder captarlos.

Todo esto hizo cada vez más difícil la situación fiscal y llevó la inflación a magnitudes inéditas.

En 1984 los precios habían trepado a más del 600% anual y al comenzar 1985 andaban alrededor del 25% mensual, acercándose a la posibilidad cierta de un *shock* hiperinflacionario. El déficit fiscal fue del 13% del PBI. En diciembre de 1984, tras varios intentos frustrados, entre los que se contó el envío unilateral de una carta de intención al FMI, se concluyó un acuerdo *stand by* con un programa que establecía restricciones monetarias. El directorio del FMI aprobó este acuerdo el 28 de diciembre de 1984, al mismo tiempo que el gobierno argentino dejaba de cumplirlo.

En febrero, el presidente reemplazó al ministro de Economía Bernardo Grispun, designando en su lugar a Juan Sourrouille.

En los meses anteriores a la puesta en marcha de lo que después se llamó el Plan Austral, el gobierno resolvió adelantar las tarifas públicas en un 23,6%, devaluó el tipo de cambio en un 15% y estableció impuestos a las importaciones y exportaciones que redundaron en un aumento de 10 puntos en la recaudación aduanera. El Banco Central, por su parte, emitió para entregar fondos a la Tesorería y dejarle así un colchón importante antes que se anunciaran las medidas.

En junio, la inflación llegaba al 30% mensual en IPC y 42% en IPM. Por otro lado, en los últimos nueve meses la producción industrial había caído un 20%.

El 14 de junio de 1985 se anunciaron las medidas del Plan Austral. Tras un aumento del 22,6% se congelaron los precios y los salarios al nivel del día anterior. Tras un 15% de devaluación el tipo de cambio se mantuvo fijo. Luego del aumento, las tarifas públicas se congelaron por tiempo indeterminado. En la parte ortodoxa del programa se anunció que el Banco Central no financiaría en adelante ningún déficit del gobierno.

El plan tuvo un resonante éxito inicial. La inflación, que estaba en niveles del 1% diario (2.347% anualizada en precios al consumidor y 6.852% en precios mayoristas), se detuvo. Lo sorprendente fue que no se necesitaron controles policiales ni amenazas a los comerciantes para que se respetara la congelación de precios. Tampoco hubo desabastecimiento ni mercado negro, por lo que no se trató, como otras veces en el pasado, de una inflación reprimida.

Debido al aumento de la recaudación por la devaluación, compensada con un impuesto del 10% a las importaciones y exportaciones y el aumento de la recaudación real por la caída de la inflación, se logró un cierto ajuste fiscal. La recesión de los últimos nueve meses se detuvo, dando lugar a una fuerte recuperación gracias a la normalización de los consumos y a la recomposición de inventarios por las expectativas más favorables. El salario real mejoró pero, sobre todo, hubo un fuerte aumento de su poder de compra (es decir, el que éste tiene durante el mes en que se gasta), el cual, con inflaciones muy altas, había caído mucho. Aunque existió una brusca retracción de la oferta monetaria originada en el financiamiento al gobierno, la oferta total aumentó debido a la entrada de reservas y a los redescuentos al sistema financiero. Pero también creció la demanda de activos en moneda nacional. La baja de las expectativas inflacionarias indujo al público a mantener volúmenes mayores de saldos en dinero doméstico.

No habían pasado nueve meses cuando el equipo económico, frente a las presiones por reacondicionar los precios, debidas tanto al aumento de la demanda agregada como al de la oferta monetaria, y recordando las graves distorsiones producidas durante el congelamiento de 1973 y los *shocks* posteriores, decidió abandonar el congelamiento (cuando de hecho muchos precios ya subían y las tarifas públicas quedaban rezagadas) y pasar, en abril de 1986, a un régimen de administración de precios. Se produjo una pequeña devaluación del 3,7%, se aceptaron reajustes de precios industriales si respondían al traslado de costos y se establecieron pautas para aumentos salariales. Sin embargo, continuaba el déficit, incompatible con esas pautas, y una expansión monetaria originada en redescuentos del Banco Central al Hipotecario y a la banca oficial provincial. La base monetaria prácticamente se triplicó entre junio de 1985 y febrero de 1987. Mientras los salarios nominales subían por encima de las pautas oficiales, las tarifas quedaban retrasadas. En agosto se tuvo conciencia de que la inflación se escapaba de control cuando se supo que en julio había sido de un 6,8%. Atribuyéndola a una permisiva política monetaria se reemplazó al presidente del Banco Central por quien fuera hasta entonces el segundo del ministro, para así llevar a cabo una política monetaria acorde con sus objetivos. Se aumentaron las tasas de interés nominales, lo que llevó la tasa real al 4% mensual y se aceleró la devaluación. Sin embargo, la incertidumbre continuó. Debido a la falta de acuerdo con los acreedores externos, la situación externa seguía siendo muy difícil. Los variados instrumentos no lograban detener el ascenso de los precios, que en febrero de 1987 habían llegado al 7,6% mensual, lo que llevó a imponer un nuevo congelamiento hasta el 30 de junio para el tipo de cambio y las tarifas y por tiempo indeterminado para los otros precios.

A esa altura el gobierno no tenía forma de hacer efectiva la congelación, que era violada en numerosos casos, así como tampoco existía el margen de credibilidad con que se contaba al comienzo del Austral. El déficit fiscal había regresado a los niveles del período 1973-1976 y el déficit cuasi fiscal del Banco Central alcanzó en 1982 el valor más alto de la historia (25,4% del PBI). En 1984 todavía estaba en el 17,6% del PBI.

La situación se complicó en 1987 ante las elecciones de legisladores y gobernadores provinciales de septiembre (previas a las que dos años después serían las presidenciales). En julio la inflación mensual subió a un 12%. El gobierno, embarcado en un absurdo intento por reformar la Constitución, llevó a la cartera de Trabajo a un hombre del justicialismo y puso en vigencia las normas laborales existentes durante el peronismo que había derogado el gobierno militar. Con ese antecedente se negociaron nuevos aumentos salariales que concluyeron en una pauta del 4,8% mensual.

La cartera económica –decía De Pablo (1989)– trataba de resistir las presiones y cuando no podía más cedía, tratando de ajustar las otras variables para evitar un deterioro en los precios relativos. A partir de entonces el tipo de cambio y las tarifas se adelantaron a la inflación para evitar un mayor desequilibrio fiscal, lo que por otra parte acentuó las presiones sectoriales para reajustar sus precios e influyó en el alza de la espiral inflacionaria.

Al perder las elecciones en septiembre de 1987 comenzó el deslizamiento final del gobierno radical. En octubre se ensayó un nuevo paquete económico, basado en la congelación de precios, salarios, tipo de cambio y tarifas, y para ganar la confianza pública se intentaron algunas reformas estructurales que el gobierno venía prometiendo y nunca ponía en práctica. En diciembre de ese año la inflación logró bajar al 3,4% mensual. Los problemas de la deuda continuaron sin resolverse y la situación fiscal se agravó debido a la creciente desmonetización de la economía. La cantidad de medios de pago sobre el PBI que antes del Austral, en junio de 1985, habían bajado hasta un mínimo del 2,7% subieron en 1987 al 4,8% y volvieron a bajar en agosto de 1988 al 2,8% del PBI.

En septiembre de 1987 el gobierno hizo un nuevo intento para bajar gradualmente la inflación con medidas que se conocieron como el Plan Primavera. Entre otras diferencias respecto de las anteriores, éstas se basaron en un acuerdo sobre precios. Se estableció un tipo de cambio comercial administrado por el Banco Central a 12 australes por dólar para liquidar las exportaciones y un tipo financiero a 14,40 australes por dólar para liquidar todas las otras operaciones incluidas las importaciones, en un mercado de flotación sucia con la intervención del Banco Central. La diferencia entre ambos tipos de cambio importaba un impuesto implícito del 20% a las exportaciones, que despertó el rechazo del sector agropecuario cuyo malhumor quedó de manifiesto en la exposición anual de la Sociedad Rural.

Se esperaba obtener recursos de las diferencias de cambio, del aumento real debido a la disminución de la inflación (efecto Olivera-Tanzi) y de la disminución del déficit de las empresas públicas, cuyas tarifas se habían elevado un 31% y así mejorar la situación fiscal. Aunque la inflación bajó, no lo hizo al ritmo de las pautas establecidas para el tipo de cambio y las tarifas. Desde un nivel minorista mensual del 2,7% en agosto (mayorista 3,2%) pasó al 11%, 9% y 5,7% de septiembre a noviembre, para comenzar una nueva tendencia ascendente en diciembre con 6,8%.

El déficit del sector público no financiero ascendió, en 1987, a más del 7% del PBI, incrementándose alrededor de un 70% respecto de 1986 (aunque la cifra fue inferior a la de algunos otros años de la década). Los medios de pago representaron aproximadamente el 5% del PBI, porcentaje superior al observado en momentos de alta inflación pero inferior al de 1986 (aproximadamente 6%) (CEPAL, 1988).

El déficit continuó y la deuda interna aumentó. Las tarifas públicas comenzaron a deteriorarse en términos reales cuando el nivel general de precios subió más que las pautas de aumento. Se volvió a un proceso de desmonetización (caída de la cantidad real de dinero) porque el público, perdida la confianza, acentuó la sustitución de australes por dólares (huida del dinero doméstico).

Entre enero y febrero se generalizó la desconfianza sobre la capacidad del gobierno para sostener los cambios y se produjo un ataque especulativo contra el austral y un movimiento de compra de dólares. Para frenar ese movimiento el Banco Central aumentó los encajes, la tasa de interés y vendió dólares. Pero, a fines de enero, temiendo no disponer de suficientes reservas, abandonó la intervención en el segmento libre del mercado de cambios. Al mismo tiempo, para evitar el impacto que ello tendría sobre los precios, se creó un tercer mercado de cotización regulada para las importaciones. Los cálculos para frenar la corrida con un 20% de depreciación resultaron equivocados. En sólo un mes el austral se depreció un 45%, en dos meses un 170% y en tres meses un 400%, golpeando a quienes, confiados en la palabra del presidente del Banco Central, habían mantenido activos en australes. Tras esto, las entidades que habían convenido el acuerdo de precios se desvincularon del gobierno.

Los precios aumentaron un 8,4% en abril (IPC, 58% en precios mayoristas), con lo que se inició la fase ya definitivamente hiperinflacionaria, acentuada con la perspectiva de las elecciones presidenciales.

Los últimos meses de la administración radical se vivieron al borde del colapso fiscal; la dramática y

106

acelerada huida del dinero doméstico tras las elecciones que ganó el candidato justicialista culminó
con la hiperinflación de julio y con precios que subieron, ese mes, más de un 200%. En julio mismo
el presidente Alfonsín renunció, anticipando su salida prevista para diciembre, y el doctor Carlos Saúl
Menem, candidato opositor triunfante, asumió el
poder en medio de una situación de emergencia.

9. La declinación

¿Cuáles fueron las causas de la declinación que sufrió la Argentina en la segunda mitad de este siglo? Podrían citarse muchas que, en algunos casos, se influenciaron entre sí. En primer lugar, no podemos descartar las relativas a la naturaleza y disponibilidad de los recursos que condicionaron una adecuación más favorable a los cambiantes mercados, ni tampoco aquéllas dependientes de la geografía. Durante el período colonial, y hasta bien entrado el siglo XIX, la Argentina fue un país excéntrico, distante de los mercados más evolucionados y con elevados costos de transporte. Su progreso, a fines del siglo XIX y principios del XX, tuvo lugar gracias a una nueva tecnología de transportes que integró los mercados del Atlántico Sur con Europa. La Primera Guerra Mundial y sobre todo la crisis de 1930 y los años de aislamiento de la Segunda Guerra Mundial llevaron a una gradual pérdida de esa centralidad que acentuaron, desde 1943, las deliberadas decisiones de los gobiernos.

Dijimos que las causas de la declinación no deben buscarse en la misma economía sino en el sistema institucional que permite que ésta funcione. Son las reglas que crean los individuos para convivir las que hacen posible el intercambio eficiente y con ello el progreso de la comunidad. Pero como no parece razonable pensar que todas las personas se equivocan todo el tiempo, no es fácil explicar por qué no se han generalizado las instituciones eficientes si con ellas se obtiene un mayor bienestar. El problema es que lo que definimos como progreso para la sociedad (medido por tasas de crecimiento del producto o del ingreso) no es necesariamente visto así por cada uno de los individuos que la integran. El que un país sea menos rico no quiere decir que todos lo sean. Puede pasar que a la mayoría le vaya mal pero que a algunos les vaya muy bien. La no-identidad de intereses explica por qué no se adoptan instituciones capaces de beneficiar a la larga a todos y muchas veces se prefieran otras que benefician a unos pocos. ¿Pero, no ocurre esto también en los países más desarrollados? ¿Por qué, entonces, ellos han progresado? Esos países pasaron por épocas de estancamiento o declinación, pero en el curso de su larga historia y tras experiencias muy costosas supieron acordar para establecer marcos institucionales eficientes. Los países más exitosos fueron los que aprendieron más rápido y los que una vez adquiridos esos marcos persistieron en ellos.

Una sociedad en búsqueda de rentas

Si bien el gobierno tuvo siempre alguna participación en la economía, las necesidades del conflicto durante la Primera Guerra Mundial determinaron que en adelante tuviese una intervención sin precedentes. Ello afectó a los mercados y a la distribución del ingreso. Desde entonces se supo que las mejoras en la productividad no serían necesariamente fuentes de un mayor ingreso, sino que éste podía depender de decisiones del gobierno (sobre los tipos de cambio, precios, etc.). Ya no era el caso de buscar las ganancias en el mercado sino de presionar al gobierno para obtenerlas.

Es probable que en épocas de expansión, cuando todos reciben algo, aunque en proporciones distintas, exista un mayor acuerdo sobre cuáles son los intereses comunes que en los períodos de declinación, cuando se trata de ver quiénes soportarán las pérdidas. Cuando todos ganaban, el gobierno parecía estar de más y bastaba con que se ocupase de la justicia, la seguridad y, en países como la Argentina, también de la educación. Pero cuando la situación se revertía, la tentación de utilizar el poder del Estado para evitar las pérdidas era enorme.

El marco en el cual los particulares arreglaban sus intercambios, dentro de las normas legales y bajo el arbitraje de la justicia, cambió por otro en el cual el beneficio resultaba de la intervención del Estado. En vez de transacciones entre particulares se pasó a la presión de grupos de interés sobre el gobierno para conseguir mercados reservados o garantías de beneficios.

Ese nuevo mundo corporativo reemplazó al de la *belle époque*. Pero lo curioso es que, mientras se justificaba la acción de los grupos en defensa de las mayorías más débiles (*la unión hace la fuerza*), fueron los grupos minoritarios los que tuvieron mayor capacidad de organización y, por ello, resultaron también los más exitosos. La paradoja es que ese nuevo mundo de intereses organizados fue más injusto que el anterior.

111

La Argentina, durante la primera parte del siglo XIX, había sido un país dividido por conflictos regionales. Sólo a finales de siglo se logró el consenso entre las provincias, lo que permitió su institucionalización. La experiencia de un país estable, sin conflictos y con reglas aceptadas sólo se retrotrae a las tres últimas décadas. Poco después, entre las dos guerras, empezó a dibujarse nuevamente un país dividido pero esta vez por conflictos sectoriales.

En los años de expansión había existido un sistema político que funcionaba como un mercado restringido y donde la estabilidad se había logrado gracias a un acuerdo entre las elites de las provincias del interior y la de Buenos Aires. Mientras la tecnología y el crecimiento centralizaron el poder, no se llegó a un acuerdo de sustitución y participación entre las fracciones existentes. Sin embargo, hasta la primera década del siglo XX, el que una gran parte de la población inmigrante participara de todos los derechos civiles sin tratar de inmiscuirse en la política hizo que los conflictos no llegaran a tener importancia en un mercado político ya ampliado. No obstante, la reforma electoral de 1910, que pretendía una sucesión ordenada, terminó tras la elección de Yrigoyen en 1916 con una nueva división sobre los alcances y las reglas del poder.

La Primera Guerra Mundial creó una nueva alternativa, ya que los gobiernos tuvieron que decidir quiénes cargarían con los costos del conflicto. Ésa no fue una decisión del mercado. Los marcos institucionales creados entonces sirvieron, desde la crisis de 1930 en un clima de una generalizada depresión, para apelar al Estado y evitar los perjuicios que generaban los cambiantes mercados y los precios relativos. No se trató de mejorar la distribución del ingreso, aunque ése fue el pretexto, sino de socializar las pérdidas. Se fue formando una constelación de intereses que pujó por la consolidación de un nuevo marco institucional que perduró aun más allá de las circunstancias a las que había respondido. Ello se debió a que las instituciones tienen una inercia, ya que para llegar a nuevos acuerdos y crear otras instituciones los costos son muy altos.

Mientras que ante parecidas circunstancias a las de la Argentina en otros países se crearon coaliciones similares, en los más adelantados la multiplicidad de intereses, dentro de sistemas políticos plurales y estables, puso límites a las demandas desmedidas de cada sector y permitió que el Estado mantuviera una relativa autonomía. Lo excepcional en la Argentina no fue la protección o los privilegios sino su exagerada dimensión. Mientras que para algunos ello podía tener su origen en el desviado carácter de los argentinos, se trató en realidad de que el Estado era demasiado débil y el sistema político poco maduro para mantener una relativa distancia entre los intereses sectoriales y el gobierno. Los mecanismos de protección tuvieron un efecto distinto donde existieron sistemas políticos maduros y Estados fuertes. En un sistema político débil la competencia por la búsqueda de rentas económicas lleva casi siempre a la corrupción.

Al lograr con éxito influir sobre el Estado, los grupos de intereses (*lobbies*) aprendieron, se fortalecieron y maximizaron la inversión en influencias. Pero, al no estar seguros de la duración de ellas —a sabiendas de la falta de legitimidad de los privilegios—, buscaron lograr la máxima ganancia en el plazo más breve posible. La inexistencia de consenso sobre los derechos de propiedad de las rentas económicas fue un motivo de inseguridad permanente. En el largo plazo esto fue muy negativo para la inversión.

Los privilegios surgieron del acceso a mercados que se le negaba a otros con lo cual se obtenía una ganancia mayor (*rentas económicas*) a la que se hubiera logrado si la entrada a los mercados hubiera sido libre.

Uno de los métodos más comunes usado para proteger mercados fue el establecimiento de tarifas aduaneras con las que se encarecía la venta de mercaderías importadas, permitiendo a los productores locales cobrar más caras las suyas. Es cierto que las tarifas tuvieron el propósito de recaudar fondos para el gobierno, pero cuando dejaron de ser generales, además de un instrumento de recaudación, fueron uno de protección. Se generaron así ganancias extraordinarias debidas a la acción del Estado: éstas fueron las *rentas de la protección*.

También puede encarecerse un bien importado cuando se monopoliza el mercado de cambios, elevando el precio de la moneda con que compran los importadores o bajando el precio de la moneda local con que se paga a los exportadores. Esto ocurrió a partir de los años treinta al fijarse un tipo de cambio diferencial más alto para las importaciones que para las exportaciones.

Pero la capacidad argentina para inventar medios de protección o subsidios fue enorme. En la primera presidencia de Perón se creó un mercado oficial de crédito racionado con tasas reales de interés negativas, con lo que se subsidió la formación de capital. En los años sesenta el Estado concedió en forma restringida la entrada al mercado internacional de crédito público otorgando avales a empresas. Se restringió también el ingreso de proveedores del Estado y de las empresas públicas a un mercado donde se cobraban precios más altos que los que se hubieran percibido bajo libre competencia. También se gravó a los contribuyentes al cargar las pérdidas de las firmas en bancarrota cuando el gobierno (para preservar las fuentes de trabajo) decidió su salvamiento (como se hizo durante el gobierno de Onganía).

Los particulares pudieron adquirir activos externos a precios subsidiados cuando se frustraron los intentos de estabilización con tipos de cambio fijo debido a que persistieron los déficits fiscales, lo que terminó en devaluaciones que los más ricos e informados ya habían descontado. Esto pasó en los años setenta y en los ochenta.

Tras décadas de sufrir pésimos servicios públicos la mayoría se privatizó, finalmente, en los años noventa. Las empresas previamente saneadas se encontraron con una demanda largamente insatisfecha dispuesta a pagar precios elevados. Tales fueron las rentas de las privatizaciones captadas tanto por las empresas como por el Estado que –al permitir tarifas más altas– logró un mayor precio por la concesión del servicio y la venta de los activos.

Durante décadas los argentinos se especializaron en descubrir métodos para obtener del Estado rentas económicas. Esa inversión en tiempo y en recursos, en conocer los procedimientos y las personas adecuadas, concluyó en la formación de poderosas redes de intereses.

¿Qué es lo que hace que esos grupos se organicen y actúen más efectivamente?

Es cierto que cualquier individuo —si pudiera— estaría dispuesto a recibir una ganancia mayor que la que obtendría en circunstancias competitivas, por lo que la búsqueda de ganancias no es la razón para explicarlo. El mayor o menor éxito de los grupos depende de su tamaño (del número de individuos que lo integra) y de su concentración o dispersión. Ello influye en los costos de su organización y coordinación (Olson, 1982). La cantidad de participantes determinará, además, entre cuántos se repartirán los beneficios. Si tienen que dividirse entre muchos, los incentivos disminuyen. Esto hace que los grupos pequeños sean más exitosos que los grandes. Los grupos empresariales con pocos participantes —y donde los acuerdos sobre precios y cantidades son más fáciles— tuvieron mayor capacidad de coordinación que otros más grandes y dispersos como los maestros, los jubilados o los agricultores, que casi siempre perdieron.

La localización de las actividades determina que el mercado de trabajo esté más concentrado o más disperso. Los problemas de empleo y las necesidades sociales se notan más en las ciudades que en lejanos parajes rurales. Además, las empresas tienen mayor capacidad de presión si se asientan donde está la sede del poder. Esto explica la desproporcionada tendencia que existió a la radicación de industrias en el Gran Buenos Aires.

El efecto sobre el empleo (más aun si está concentrado en las ciudades) es determinante del poder negociador de cada sector. Lo es también, aunque actúa negativamente, el que los bienes producidos formen parte del consumo básico de los sectores populares, ya que cualquier intento de mejorar sus precios sería resistido por la mayoría. Desde la década de 1930 los sectores agropecuarios han perdido poder negociador, no sólo debido a su dispersión sino porque sus intereses colisionaron con los de la mayoría, cuyo principal consumo son los alimentos.

Debido a circunstancias concretas, tuvieron más peso las coaliciones urbanas (en las que participaban organizaciones empresariales y de obreros industriales) que coincidieron en que los alimentos fueran baratos (operando con el tipo de cambio sobre los precios) y en mantener barreras protectivas para defender el empleo. Sin embargo, esas coaliciones no fueron estables. Cuando escasearon las divisas (que las industrias necesitaban para importar), se debieron mejorar los precios agropecuarios por medio de devaluaciones que bajaron el salario real de los trabajadores. En esos casos las coaliciones cambiaron. Aparecieron otras que se asociaron precariamente con empresarios urbanos y sectores rurales en intentos estabilizadores que tuvieron una fuerte oposición de los sectores populares. Cuando se alcanzaban inestables equilibrios volvían, en cambio, las antiguas coaliciones populistas (Sturzenegger, en Dornbush y Edwards, 1991).

La complejidad que este fenómeno adquirió a lo largo de las distintas experiencias hizo que no siempre fueran claros los beneficios o perjuicios netos, ya que un actor podía estar en posiciones distintas y, por ello, recibir diferente tratamiento. Pero ese juego, en el que todos querían ser ganadores pero donde la ganancia de uno resultaba de la pérdida de otros, dejaba a la larga una abundante masa de perdedores.

En el curso de los años se fueron descubriendo múltiples recursos para evitar esas pérdidas. Si una empresa pequeña tenía menor poder para entrar en mercados reservados podía, en cambio, aprovecharse de su reducido tamaño para evadir el pago de impuestos y de las cargas sociales entrando en mercados informales. Una empresa grande, con mayor capacidad negociadora, tenía que hacerse cargo de costos laborales elevados (debido a los impuestos al trabajo). El costo laboral (*el costo argentino*) fue entonces un permanente pretexto para reclamar mayor protección y subsidios.

En ese juego ganaban finalmente los que tenían mejor información, mayor capacidad para gestionar sus demandas y cambiar de mercados para evitar las pérdidas. Como la información es un bien costoso —más aun en un marco cada vez más caótico y confuso— ganaban los más ricos y perdían los más pobres.

El gobierno nacional (Ejecutivo y Legislativo) y su administración fueron los principales oferentes de rentas económicas. El gobierno, en la formulación de normas generales; el Poder Ejecutivo o algún nivel de la administración o de las empresas del Estado, en su aplicación concreta.

En una sociedad que no tuvo grandes distancias sociales, la información, aunque costosa, no podía ocultarse permanentemente, por lo que casi todos trataron de seguir a los más exitosos. Se multiplicaron las demandas haciendo más cara la competencia y disipando la renta. Todo esto produjo una gran inestabilidad y una larvada guerra de agotamiento.

Por otra parte el público descubrió variados mecanismos de defensa, como lo fueron la reacción contra el impuesto inflacionario al rechazar éste usar la moneda doméstica. Con ello se desmonetizó la economía y se le restaron recursos al gobierno.

Esas reacciones fueron, entre otras, la causa de la prolongada crisis fiscal de la década de los ochenta que terminó en la hiperinflación. Los mismos golpes de Estado, más allá de las razones específicamente políticas que los motivaron, aprovecharon del caos generalizado que producían esos conflictos y recibieron apoyo en la medida en que algunos grupos buscaban por su intermedio una redefinición permanente de las reglas del juego (Zablotzky, 1992). Debe decirse, sin embargo, que tampoco lo lograron.

La inflación

Una economía con las características de la de la Argentina de posguerra, con una prolongada y perversa inflación y un elevado grado de intervención estatal tiene consecuencias negativas para la asignación eficiente de recursos.

La inflación no afecta a todos del mismo modo. Los activos reales (tierras, propiedades) sufrirán menos, porque sus valores a la larga seguirán el nivel general de precios, pero los que tengan activos monetarios perderán. Para conocer el efecto neto de la inflación sobre las empresas hay que incluir no sólo a los activos sino a los pasivos. Sólo los que tienen capacidad de endeudarse pueden recibir los beneficios de la licuación que la inflación produce.

Por otra parte, a medida que el nivel de ingreso o riqueza son más altos la proporción de activos reales es mayor; y menor en los sectores de bajos ingresos donde la fuente principal es el salario.

Pero no se trata solamente de la inflación. Cuando el gobierno interviene en el mecanismo de precios, fijándolos por debajo de su nivel de mercado, afecta los ingresos de ese activo y, por ello, su valor presente. Al ver afectada la rentabilidad, se buscará colocarlos a salvo del poder confiscatorio del Estado fuera de sus fronteras. Esto explica algunas características del ahorro y la inversión en países afectados por la inflación y por la intervención del Estado en los mercados.

Una estrategia maximizadora tratará de comprar los activos fijos que estén en el país con deuda, mientras que se preservarán los financieros fuera de sus fronteras (fuga de capitales). El trabajo que tiene menos movilidad resulta más perjudicado porque tiene menos posibilidades de trasladarse fuera de los límites del Estado nacional.

En una situación de economía altamente regulada, con el gobierno interviniendo en el mercado de factores y productos, todos tratan de entrar en los sectores de la economía con barreras de entrada para tener poder de mercado. Cada uno quiere para sí un mercado exclusivo donde pueda vender a un precio elevado mientras busca que su proveedor lo haga en un mercado competitivo a precios más bajos. Ciertos sectores, el pequeño comercio, los servicios y la producción no protegida, estuvieron inmersos en un ámbito de salvaje competencia mucho más difícil, ya que no sólo no gozaron de protección sino que tuvieron que enfrentarse con otros con mayor poder.

Esto hizo que los conflictos por la distribución del excedente fueran cada vez más difíciles y perversos, porque nadie quería detener el sistema sino que todos luchaban por entrar en él.

El costo del trabajo

Debido a las características de la población, la temprana transición demográfica, la baja tasa de crecimiento vegetativo, el alto nivel de expectativas y la generalizada difusión de la educación, la Argentina tuvo casi permanentemente altos costos de trabajo. Ello fue menos importante cuando la producción estuvo, hasta 1914, basada principalmente en la explotación de recursos naturales con un bajo valor agregado. En cambio, comenzó a complicarse cuando, después de la Primera Guerra Mundial, coincidieron dos fenómenos: por un lado, un cambio hacia una producción más intensiva en trabajo (textiles en vez de alimentos en la industria) y, por el otro, el impacto en el mercado de trabajo de un mundo aquejado, en la posguerra, por reivindicaciones sociales y amplias fluctuaciones monetarias.

En la Argentina, con una población que había logrado una mayor participación política y una experiencia sindical incomparable con cualquier otro país de América, tuvieron lugar en los años veinte importantes mejoras para los asalariados que afectaron a ciertos sectores empresarios, los cuales apelaron a la protección por parte del Estado. Mientras que en los regímenes totalitarios —fascismo, nazismo y comunismo— gracias a una fuerte represión bajaron los costos laborales; países democráticos, como Gran Bretaña, tuvieron serios problemas de competitividad que también afectaron, aunque en una medida diferente, a la Argentina.

En los años treinta la intervención del Estado en los mercados cambiarios permitió bajar el costo del trabajo en términos internacionales y, aunque también hubo una leve caída del salario en relación con los veinte, el ingreso real se mantuvo gracias a que los alimentos eran más baratos. Pero, mientras aumentaba la producción con mayor agregado de trabajo y se hacía más escasa la tierra, la intervención estatal impedía un cambio en los precios relativos. La posguerra llegó con una fuerte reacción distribucionista a favor de los asalariados.

Para compensar a los empresarios, el Estado los beneficiaba con medidas de protección, tipo de cambio bajo, restricciones cuantitativas, crédito subsidiado, etc. Los mecanismos de protección condujeron a una baja productividad del trabajo (debido a la subsistencia de actividades que hubieran desaparecido en caso de competencia), lo que impidió mantener salarios elevados (objetivo de la política del peronismo). Los empresarios que se veían afectados por altos costos laborales buscaban que el gobierno los resarciera con ayudas fiscales, créditos subsidiados y otras ventajas que tuvieron consecuencias fiscales y monetarias negativas. Esto creó presiones inflacionarias que actuaron como mecanismo de salvamiento a empresarios que podían, gracias a las devaluaciones, reducir el costo de su nómina salarial (y, a su vez, aprovechar para reducir sus pasivos en moneda local).

En Brasil el camino de industrialización protegida tuvo una mejor performance que en la Argentina porque contaba con una gran reserva de mano de obra y costos laborales más bajos, lo que permitió pasar de la inicial etapa de la industrialización sustitutiva de importaciones a una de promoción de exportaciones con un crecimiento sostenido hasta los años ochenta.

Conflicto y cooperación

En la Argentina de la segunda mitad de siglo faltó una mínima base de consenso que pudiera posibilitar un juego cooperativo. Los distintos sectores enfrentados entre sí y con el Estado invirtieron un enorme esfuerzo y recursos en defenderse. El Estado trató de sorprender a los contribuyentes con medidas confiscatorias (Cortés Conde, 1992) y éstos intentaron ocultar sus ingresos (evadiendo impuestos, entrando en la economía informal). Los empresarios aprovecharon la inflación para pagar menos a sus obreros y éstos —o más específicamente sus dirigentes— sacaron ventajas de los demás trabajadores y de los consumidores. En esas circunstancias aumentaron los costos de transacción, fue imposible una definición eficiente de los derechos de propiedad, la inversión se estancó y con ella el crecimiento. Porque, a diferencia de otras sociedades, la Argentina tuvo la ventaja (que a su vez fue un inconveniente) de tener una población educada y con altas expectativas donde no hubo ningún grupo que pudiera imponerse definitivamente. Esto llevó a disipar la renta, fue un obstáculo para la formación de capital y culminó en su declinación económica.

10. Conclusiones

El progreso

Tras muchos años de declinación económica, hoy nos cuesta creer que el país hubiera llegado, alguna vez, a niveles de progreso y riqueza similares a los de países más adelantados. A principios de siglo el trabajo de sus hombres y mujeres aplicado a tierras abundantes y no roturadas había producido alimentos que se exportaban a los mercados mundiales logrando un progreso espectacular. Pero el crecimiento del producto fue aun mayor que el del agregado de tierra, trabajo y capital. En la ganadería, en la primera década del siglo, resultó del mayor valor agregado en un nuevo producto, la carne para exportación, más que del aumento de la faena o de los *stocks*. Tampoco se trató de un simple agregado de trabajo, ya que su calidad mejoró gracias a la educación. Por entonces se necesitaron capitales de una magnitud impensable para construir la infraestructura, pero ellos llegaron del Viejo Mundo en una época en que su oferta era abundante. La crónica escasez de mano de obra que hubiera limitado el crecimiento, al presionar sobre el aumento de salarios y por consiguiente en la reducción de los beneficios, fue superada gracias a la inmigración que por varias décadas proveyó una oferta elástica de trabajo. Se produjo un desplazamiento de mano de obra debido a que los salarios argentinos estuvieron por encima de los europeos.

Las crisis como la de 1876 y 1890 habían sido principalmente financieras y sólo afectaron por poco tiempo a la economía real. Las tasas de interés declinaron en el curso de los años convergiendo hacia las internacionales.

Los años entre las dos guerras

La Primera Guerra Mundial interrumpió tres décadas de progreso. Los años del conflicto y los que lo siguieron hasta la Segunda Guerra Mundial se vivieron bajo repetidos *shocks* externos. El país, que tantos beneficios había recibido de su vinculación con el mundo, sufría los vaivenes de una situación internacional crecientemente conflictiva, cuando no caótica.

La recuperación de los veinte no llegó a consolidarse, no sólo por el surgimiento del proteccionismo en los países desarrollados, sino —tras el fracaso del retorno al patrón oro— por la enorme volatilidad de los capitales. Aun así, fue importante la recuperación de los veinte posibilitando que el progreso continuara hasta 1929. Los salarios reales tuvieron una suba espectacular, mayor que la que se registró en Europa, donde en los años veinte se padecieron los efectos de los severos ajustes antiinflacionarios. Mientras que durante la inflación los salarios se atrasaron respecto de los precios, cuando hubo valorización del peso se adelantaron, ya que las remuneraciones nominales no bajaron. La mejora en la posición de los asalariados pudo deberse también a su mayor poder negociador, debido a la disminución de los flujos inmigratorios durante la guerra y al mayor peso de los sindicatos.

Con la crisis de 1930 se inició una época de devaluaciones compensatorias, de barreras comerciales y acuerdos bilaterales que terminó con la caída dramática del comercio mundial y un creciente aislamiento que se agudizó durante los años de la Segunda Guerra Mundial (1939-1945). Como ocurre en todos los períodos de desaceleración, empezaron a insinuarse reacciones defensivas, que pugnaban por políticas corporativas a favor de intereses sectoriales. Tras la crisis del treinta se perdió el acceso al mercado internacional de capitales. En adelante el país debería financiarse con recursos propios. En esas circunstancias se creó el Banco Central, que no sólo se propuso mantener la estabilidad de la moneda sino suavizar los ciclos económicos.

Mientras que se establecieron controles de cambio con tipos múltiples y variados instrumentos de protección, la economía comenzó, a partir de 1934, una etapa de recuperación que se consolidó en los años del aislamiento de la guerra. Basada en el crecimiento de las industrias, que elaboraban materias primas domésticas y que ya habían madurado en los veinte, tuvo éxito en evitar severos *shocks* externos como los que ocurrieron durante la Primera Guerra Mundial. El crecimiento continuó hasta 1947.

La economía del peronismo

Se puede buscar en una multiplicidad de factores la naturaleza del peronismo, entre ellos la peculiar personalidad de su líder que ejerció un rol predominante, no sólo en su movimiento sino en la política argentina de la segunda mitad de siglo. Pero, para explicarlo, deben tenerse en cuenta las especiales circunstancias externas e internas que, casualmente o no, condicionaron sus opciones. No sólo fue el clima ideológico de fines de la guerra, proclive a la intervención de los gobiernos en la economía, sino que también fue determinante la falta de un mercado internacional de capitales. Probablemente, si se hubiera tenido esa opción su reacción hubiera sido muy distinta. Para lograr financiamiento a corto plazo los gobiernos habían utilizado muy prudentemente el Banco Central y ya en los cuarenta se empezaba a pensar en la posibilidad de hacerlo a más largo plazo. Tampoco había un mercado de capitales doméstico, aunque su falta pudo deberse a que el Banco Central fijara tasas de interés inferiores a las del mercado (y a que el gobierno emitiera deuda a tasas que nadie tomaba). En realidad, parece ser que el ahorro no fue tan insignificante, pero no se podía contar con él porque buscaba refugio en el exterior. Sin alternativas para financiar los déficits se recurrió al ahorro forzado, colocando títulos en el sistema de seguridad social (cajas de jubilaciones).

Por otro lado, el gobierno debía responder a las demandas de una amplia coalición, lo que le planteaba objetivos contradictorios. Se había revertido en los cuarenta la posición desfavorable de los salarios en la década anterior (tras los aumentos de los años veinte), pero ello amenazaba los beneficios de los empresarios urbanos, uno de los socios de esa coalición. A su vez, los mecanismos de protección de la producción local incidían en una baja productividad del trabajo, lo que contradecía el objetivo de tener salarios altos. Para mantenerlos elevados en términos reales el gobierno operó sobre precios que podía controlar: el tipo de cambio, las tarifas y los alquileres. Al hacerlo generó problemas que empezaron a visualizarse en la crisis de 1951-1952. Más que la crisis, fue el nuevo enfoque el indicio de la inviabilidad de sus contradictorios objetivos. Los factores que impulsaron la recuperación, la congelación de salarios, y las mejoras en los ingresos agropecuarios chocaban con los intereses de la coalición gobernante que, de no haber sido derrocada en 1955, se hubiera encontrado ante las mismas disyuntivas de quienes la siguieron.

Los nuevos marcos institucionales que el peronismo consolidó perduraron más allá de las circunstancias que los hicieron surgir y fueron la fuente de numerosos y cada vez más agudos conflictos que afectaron la gobernabilidad y el crecimiento de la economía en la segunda mitad del siglo.

Una sociedad conflictiva

Aunque los objetivos de los gobiernos posteriores a Perón fueron muy dispares, todos, empezando por el de la revolución de 1955, coincidían en la necesidad de desmontar el monstruoso aparato estatal y los monopolios del comercio exterior y del crédito, las excesivas regulaciones y controles de precios y, finalmente, en terminar con el peso desmedido de los sindicatos y la extrema politización de la economía. Muy pocos, en cambio, creían que los cambios debían extenderse a reformas más profundas que implicaran una apertura al comercio mundial y el retiro del Estado de su activa participación en la economía. Respecto del comercio, persistía la idea de las desfavorables perspectivas en relación con los alimentos. Por otro lado, las acciones del Estado habían conducido a la formación de grupos poderosos. Finalmente, se temía que cualquier reforma se percibiera como un intento revanchista contra los sectores populares que habían apoyado al peronismo.

Las políticas implementadas durante el peronismo habían conducido a desequilibrios fiscales y de balance de pagos, por lo que se debió buscar equilibrar las cuentas externas e internas. Fue un problema —y también una experiencia repetida— que las medidas de ajuste produjeran recesiones, cambios en los precios relativos y en la distribución del ingreso que afectaban los difíciles equilibrios políticos. Mientras las políticas que conformaban a los intereses de la coalición llevaban invariablemente a crisis fiscales, monetarias y de pagos, cualquier intento de llevar a cabo reformas profundas chocaba contra esos mismos intereses y terminaba en el fracaso.

Los siguientes años de la Argentina se vivieron dentro de ese juego caótico y tuvieron efectos negativos en la vida política.

De todos los intentos de encarar reformas quizás el más original fue el de la administración de Arturo Frondizi.

Los *desarrollistas* reconocieron que las crisis del balance de pagos se debían a la incapacidad de generar las divisas necesarias para que las industrias siguieran creciendo. Por ello, propusieron profundizar el proceso de industrialización, extendiéndolo a los bienes intermedios y de capital, para obtener localmente los insumos que hasta entonces se importaban. Pero, para desarrollar esos sectores se requería capital que el país no tenía. Como las medidas del peronismo, que buscaron financiar las industrias mediante la creación de dinero, habían sido inflacionarias, se pretendió alentar el ingreso de capital extranjero asegurándole rentas de la explotación de recursos naturales (petróleo) y de un mercado interno que tenía una demanda reprimida por décadas (automotores). En ningún caso se pensó en abrir la economía o en hacerla más competitiva, mientras el Estado continuaba ofreciendo rentas monopólicas.

Como la entrada de capitales requería una economía estable, se debió encarar un programa de estabilización que provocó numerosos conflictos y, aunque en un principio se tuvo un señalado éxito, las dificultades políticas y sus mismas contradicciones no le dieron continuidad. Mientras que la entrada de capitales permitió terminar con el estrangulamiento energético y permitió la capitalización de los transportes y del sector industrial (un problema que había dejado el peronismo), el relajamiento de la disciplina fiscal y monetaria incidió sobre un aumento de los precios incompatible con la estabilización del tipo de cambio. Por ello, tras la recuperación de 1960 y 1961, ya en este último año aumentaron las expectativas devaluacionistas que se acentuaron y agravaron con la crisis política que puso fin al gobierno de Frondizi y a su intento de dar una solución distinta a los problemas de crecimiento.

La guerra de agotamiento

Tras el corto interregno del gobierno constitucional del doctor Illia y su ordenada administración, el que le siguió continuó con la expansión, de 1963 a 1974, la más larga de la segunda mitad de este siglo. Aunque entre ambos fueron muchas las diferencias en estilos y objetivos políticos, paradójicamente no lo fueron tanto en el ámbito de la economía. Pese a que el régimen de Onganía proponía profundas modificaciones en la sociedad, la política y la economía, sus resultados más exitosos fueron los logrados durante la gestión ministerial de Krieger Vasena que bajó la inflación a un 7% anual en 1969 (lo que se registraba por primera vez desde 1950). Pero el intento voluntarista de pautar administrativamente la evolución de los precios, salarios y tasas de interés concluyó en un resonante fracaso, agravado por una seria crisis política, y al final del período militar se volvió a una inflación peor de la que existía cuando éste se había iniciado. Los reiterados fracasos en la aplicación de nuevos e ingeniosos mecanismos para controlar la inflación producían crisis más severas, ya que los participantes aprendían a defenderse, lo que hacía más duros los remedios a aplicar y más altos los niveles inflacionarios. En un marco de crecimiento anómico se habían derrumbado los diques de contención, lo que provocaba la fuga de capitales, la huida del dinero y una generalizada evasión fiscal, volviendo ingobernable la sociedad y produciendo una severa crisis del Estado. Tras el fracaso de los débiles gobiernos civiles (Frondizi e Illia) y de los militares aparentemente fuertes (Onganía) se abrió un compás de expectativas con la vuelta del peronismo, suponiendo que el carismático liderazgo de Perón podía controlar a los sindicatos y a su ala política radicalizada. Pero el experimento justicialista repitió la deprimente frustración de los anteriores. El peronismo enfrentó una situación sin salida que ya se había insinuado en los cincuenta y de la que escapó gracias a ser derrocado, pero que sufrió agudamente en el trienio 1973-1976. Se trataba de la dificultad de conciliar un ineficiente mecanismo de protección con salarios reales altos y lograr equilibrio externo y estabilidad fiscal y monetaria para dar seguridad a la inversión. Cuando ya nadie quedaba a salvo del fracaso, algunos jefes militares pensaron nuevamente en 1976 que podían rectificar los errores de su intervención anterior y se propusieron ocupar el poder no sólo para erradicar el terrorismo sino para situar la economía en un rumbo de estabilidad y progreso. Mientras que los métodos ilegales empleados para combatir al terrorismo le restaron legitimidad, terminando en otro fracaso político de proporciones, no fue menor el que sufrieron en el ámbito de la economía. Las inconsistencias en las políticas económicas, debido a la persistencia de los déficits fiscales y de intereses sectoriales conflictivos, llevaron a otro golpe inflacionario de proporciones, con dramáticas devaluaciones, enormes transferencias de ingresos y una total crisis del sistema normativo.

Tras el fracaso militar una última esperanza pareció abrirse en los ochenta gracias al amplio consenso logrado al inaugurarse en 1983 un nuevo gobierno constitucional. Nunca, desde 1930, un gobierno constitucional o de facto había sido aceptado por la oposición como lo fue el del doctor Alfonsín. Si los argentinos habían logrado consensuar reglas en el ámbito político, ¿por qué no lograrían acordar marcos institucionales que permitieran un juego cooperativo y un desenvolvimiento razonable de la economía?

Como el gobierno *no supo, no quiso o no pudo* encarar las reformas necesarias para modificar el marco que perduraba desde la Segunda Guerra Mundial, se encontró en una situación crecientemente conflictiva. Nuevos y más sofisticados, aunque limitados, intentos como el Plan Austral concluyeron en el fracaso, el descreimiento generalizado, la agudización de una guerra de agotamiento para ver quiénes pagaban los costos del ajuste, lo que desencadenó la hiperinflación y la adelantada salida del gobierno en julio de 1989, que quedó en manos, por primera vez desde 1916, de un candidato de la oposición, Carlos Saúl Menem. Tras los primeros años de vacilaciones se produjeron profundas reformas que abrieron una nueva fase, en la que la inflación bajó a niveles internacionales, se logró prácticamente el equilibrio fiscal, se privatizó la mayoría de las empresas del Estado que cambió su rol en la actividad económica y está finalizando una de las décadas del siglo de mayor crecimiento. Analizar este período, sin embargo, está fuera de nuestro propósito, ya que creemos que con él concluyó una etapa de la vida argentina y se inició otra que coincide con que, de hecho, ya ha comenzado el siglo XXI.

Bibliografía

ALDCROFT, Derek H. [1987]; *From Versailles to Wall Street 1919-1929*. Londres, Penguin.

ARNAUDO, Aldo [1987]; *Cincuenta años de política financiera argentina (1934-1983)*. Buenos Aires, El Ateneo.

BRODERSOHN, Mario; *Estrategias de industrialización para la Argentina*. Buenos Aires, Editorial del Instituto.

CANAVESE, Alfredo y Guido Di Tella [1988]; "¿Estabilizar la inflación o evitar la hiperinflación? El caso del Plan Austral: 1985-1987", en: Bruno, M., Rudiger Dornbusch y Stanley Fischer, *Inflación y estabilización*. México, Fondo de Cultura Económica, pp. 189-229.

CANITROT, Adolfo [1975]; "La experiencia populista de redistribución de ingresos", en: *Desarrollo Económico*, vol. 15, núm. 59, octubre-diciembre.

CEPAL (Comisión Económica para América Latina y el Caribe) [1988]; "Nota sobre la evolución de la economía argentina en 1987", en: *Documento de Trabajo*, núm. 26.

CORTÉS CONDE, Roberto [1989]; *Dinero, deuda y crisis*. Buenos Aires, Editorial Sudamericana.

—— [1992]; "Growth and Stagnation in Argentina", en: Simon Teitel, *Towards a New Development Strategy for Latin America*. Washington D.C., IADB Johns Hopkins.

—— [1997]; *La economía argentina en el largo plazo*. Buenos Aires, Ed. Sudamericana-Universidad de San Andrés.

DE PABLO, Juan Carlos [1989]; *Escritos seleccionados 1981-1988*. Buenos Aires, Ediciones Macchi.

DI TELLA, Guido y Rudiger Dornbusch [1989]; *The Political Economy of Argentina, 1946-1983*. Oxford, St. Anthony's-Macmillan.

DIAZ ALEJANDRO, Carlos [1970]; *Essays on the Economic History of the Argentine Republic*. New Haven y Londres, Yale University Press.

—— [1981]; "Tipo de cambio y términos de intercambio en la República Argentina, 1913-1976", en: *Documentos de Trabajo*, núm. 22, CEMA, marzo.

ELIAS, Víctor J. [1992]; *Sources of Growth: A Study of Seven Latin American Economies*. San Francisco, ICS Press.

FERNÁNDEZ, Roque [1982]; "Consideraciones Expost sobre el plan económico de Martínez de Hoz", en: Fernández, Roque y Carlos Rodríguez, *Inflación y estabilidad. El tipo de cambio como instrumento de estabilización*. Buenos Aires, Ediciones Macchi.

FODOR, Jorge y Arturo O'Connell [1973]; "La Argentina y la economía atlántica en la primera mitad del siglo XX", en: *Desarrollo Económico*, vol. 13, núm. 49, abril-junio.

GERCHUNOFF, Pablo [1989]; "Peronist Economic Policies, 1946-1955", en: Di Tella, Guido y Rudiger Dornbusch [1989], *The Political Economy of Argentina, 1946-1983*. Oxford, St. Anthony's-Macmillan.

GERCHUNOFF, Pablo y Juan José Llach [1975]; "Capitalismo industrial, desarrollo asociado y distribución del ingreso entre los dos gobiernos peronistas: 1950-1972", en: *Desarrollo Económico*, vol. 15, núm. 57, abril-junio.

MACHINEA, José Luis [1993]; "Stabilization under Alfonsín", en: Lewis, Colin y Nissa Torrents, *Argentina in the Crisis Years (1983-1990) from Alfonsín to Menem*. Institute of Latin American Studies.

MAYNARD, Geoffrey [1989]; "Argentina: Macroeconomic Policy, 1966-1973", en: Di Tella, Guido y Rudiger Dornbusch [1989], *The Political Economy of Argentina, 1946-1983*. Oxford, St. Anthony's-Macmillan.

OLSON, Mancur [1982]; *The Logic of Collective Action*. Cambridge, Harvard University Press.

PHELPS, Vernon [1938]; *The International Economic Position of Argentina*. Philadelphia, University of Pennsylvania Press.

PINEDO, Federico [1971]; *Siglo y medio de las economías de América Latina*. México, CEMLA.

PREBISCH, Raúl [1986]; "La experiencia del Banco Central argentino en sus primeros ocho años", en: *Banco Central de la República: 1935-1985, Cincuentenario del Banco Central de la República Argentina*.

RODRIGUEZ, Carlos [1987]; "La deuda externa argentina", en: *Serie Seminarios*, seminario 2/87. Centro de Investigaciones Económicas, Instituto Torcuato Di Tella.

RODRIGUEZ, Carlos y Larry Sjaastad [1979]; "El atraso cambiario en la Argentina: ¿mito o realidad?", *Documento de Trabajo* del CEMA, núm. 2.

SCHENK, Catherine [1994]; *Britain and the Sterling Area: from Devaluation to Convertibility in the 1950's*. Londres, Routledge.

SCHENONE, Osvaldo [1991]; "Public Sector Behavior in Argentina", en: Larraín, Felipe y Marcelo Selowsky, *The Public Sector and the Latin American Crisis*. International Center of Economic Growth, ICS Press.

SCHWARTZ, Hugh H. [1967]; *The Argentine Experience with Industrial Credit and Protection Incentives*. Ph. D. Dissertation, Yale University.

SJAASTAD, Larry A. [1989]; "Argentine Economic Policy, 1976-1981", en: Di Tella, Guido y Rudiger Dornbusch [1989], *The Political Economy of Argentina, 1946-1983*. Oxford, St. Anthony's-Macmillan.

STURZENEGGER, Federico [1991]; "Description of a Populist Experience: Argentina, 1973-1976", en: Dornbusch, Rudiger y Sebastian Edwards, *The Macroeconomics of Populism in Latin America*. Chicago, Chicago University Press, pp. 77-120.

VILLANUEVA, Javier [1972]; "El origen de la industrialización argentina", en: *Desarrollo Económico*, vol. 12, octubre-diciembre, pp. 451-476.

ZABLOTZKY, Edgardo E. [1992]; *A Public Choice Approach to Military Coups d'Etat*. Universidad de San Andrés, Seminario de Economía.

Índice

Carlos Floria
Pasiones nacionalistas

Elizabeth Jelin
Pan y afectos. La transformación de las familias

Se terminó de imprimir
en el mes de octubre de 1998
en Nuevo Offset SRL, Viel 1444,
Capital Federal, República Argentina.
Se tiraron 2 000 ejemplares.